Derivativos

Guia prático para investidores novatos e experientes

de

Michael Bloss, Dietmar Ernst,
Joachim Häcker, Letícia D. F. Ramalho

Oldenbourg Verlag München

Editor: Thomas Ammon
Production editor: Tina Bonertz
Cover design: hauser lacour

Library of Congress Cataloging-in-Publication Data
A CIP catalog record for this book has been applied for at the Library of Congress.

Bibliographic information published by the German National Library
The German National Library lists this publication in the Deutsche Nationalbibliografie; detailed bibliographic data are available on the Internet at http://dnb.dnb.de.

This book is also available in a German (ISBN 978-3-486-58354-0),
English (ISBN 978-3-486-58632-9) and Chinese (ISBN 978-3-486-59744-8) language edition.

© 2013 Oldenbourg Wissenschaftsverlag GmbH
Rosenheimer Straße 143, 81671 München, Germany
www.degruyter.com/oldenbourg
Part of De Gruyter

Printed in Germany

This paper is resistant to aging (DIN/ISO 9706).

ISBN   978-3-486-70467-9
eISBN   978-3-486-76729-2

Prefácio

Futuros e opções estão entre as ferramentas mais interessantes do mundo financiero de hoje. Anos atrás, quando o DTB (um dos organizadores do que se tornaria a Eurex) fui fundado, ninguém poderia prever os sucesso triunfal que derivtivos obteria na Europa e em todo o mundo. Somente na Eurex, cerca de sete milhoes de contratos são negociados diáriamente.

Michael Bloss, Dietmar Ernst, Letícia Ramalho e Joachim Häcker conseguiram criar um livro que aborda este tema complexo de maneira bem estruturada, combinando teoria e prática, considerando que o leitor tem grande interesse e tempo limitado.

Devido a sua estrutura, este livro atende a ambos, um manual para profissionais e um clássico livro para estudantes. Este foi escrito para novatos e experiêntes academicos, assim como para investidores profissionais. Se após concluir a leitura deste livro o seu entendimento pelo mercado de derivativos foi desenvolvido e seu conhecimento foi aprofundado, entao nós teremos atingido nosso objetivo.

Nós desejamos a você uma agradavél leitura,

Dr. Axel Vischer
Eurex – Desenvelvimento de Mercados

www.eurexchange.com

Autores

Michael Bloss é consultor de investimentos e assistente do Vice Precidente do Commerzbank AG, em Estugarda, Alemanha. Adicionalmente ele é professor associado ao programa de Mestrado em Finanças Internacionais, na Faculdade de Nuertingen (Alemanha) e diretor do Instituto Europeu de Engenharia Financeira e Derivativos (EIFD). Especializou-se em derivativos e no mercado de equity.Michael Bloss possue diversos artigos com foco em derivativos e engenharia financeira.

Dietmar Ernst é professor academico na Faculdade de Nuertingen, e reitor do curso de Mestrato em Finanças Internacionais. Desempenhando ainda a função de director do Instituto Europeu de Engenharia Financeira e Derivativos (EIFD), se especializou nas áreas de investiment banking, derivativos e fusões e aquisições, é ainda autor de diversos artigos e livros.

Joachim Häcker é professor academico em Finanças Corporativas, na Faculdade de Heilbronn (Alemanha) e Universidade de Louisiana (USA). Também atua como Diretor Instituto Europeu de Engenharia Financeira e Derivativos (EIFD). Vice Presidente do Grupo Internacional de Consultoria Financeira Rothschild, em Londres e Frankfurt, é responsável por inúmeras transações, se especializando na area de investment banking.

Letícia D.F. Ramalho é formada em Ciências Econômicas pela faculdade Fundação Santo André e mestre em Finanças Internacionais pela Faculdade de Nuertingen, Alemanha, e pela Faculdade do Norte da Suíça. Atua profissionalmente como Senior Manager nas áreas de Finance e Controlling.

Introdução

Investimentos em derivativos (**instrumentos financeiros**) cresceu rapidamente nos últimos anos. Ao observar as últimas duas décadas, é possível afirmar que este obteve um grande sucesso. Derivativos se tornaram parte do mercado financeiro. Juntamente com instrumentos financeiros tradicionais, eles agora representam uma categoria única de investimentos, a qual **atende/meet** um mercado substancial. Investidores tradicionais utilizam derivativos para se proteger de riscos e especuladores **o empregam com objetivo de lucrar com a flutuação do preço de ações.**

Com este livro nos queremos colocar um pouco de luz neste tema complexo que é derivativos e esboçar algumas estratégias de investimentos. Uma enfase especial foi dada para a aplicação correta de derivativos, assim como seu perfil de oportunidade e risco.

Conteúdo do livro

Embora o tema pertença a contrados negociados no Mercado de derivativos, – Opções e Futuros – nós também abordamos **off-market e exotic deals.**

No primeiro capítulo informações básicas são providas, nos capítulos seguintes são discutidos estratégias de investimentos e suas implicações. Ao final deste encontra-se uma seção de Perguntas e Respostas que pode ser utilizada na preparação para exames, ou simplismente para conduzir estudos privados do tema.

A intensão ao redigir este livro foi a de oferecer um material que possibilite fácil compreensão do tema investimentos no mercado de derivativos financeiros. Como as estratégias aqui descritas são relativamente complexas, exemplos e ilustrações foram incluídas. Adicionalmente foram incluídas explicações das principais diferenças entre investidores privados e institucionais.

O livro visa atender ambos, profissionais e estudantes que tenham básico conhecimento sobre o assunto.

Assim este livro pode auxiliar o trabalho diário dos especialistas em derivativos ou ainda ser utilizado em ambientes academicos ou ainda em cursos de especialização.

Os autores gostariam de agradecer ao Mercado Europeu de Derivativos (Eurex – European Derivatives), que tem patrocinado generosamente o nosso trabalho e disponibilizou os materiais necessários. Em particular, temos de agradecer a Sra. Christina Bodler da Eurex por seu apoio enérgico. Dr. Axel Vischer e o Sr. Stefan Misterek que nos auxiliaram com sua experiência e edição técnica. Agradecemos também Joem Kurumthottathil Joselal por sua colaboração incansável e precisa, bem como o diálogo construtivo na fase final. Agradecemos ainda Marc Bachhuber, Wolfgang Pflug, Helga Gallina-Pflug, e Burkhardt Ralf pelo seu apoio na elaboração deste livro. Finalmente, agradecemos McCall Stuart, Rediker Kristin e Reuber Alexandra pela edição final.

É nosso desejo sincero atender as necessidades dos nossos leitores. Então, se você tiver quaisquer comentários, sugestões ou idéias úteis, por favor, não hesite em contactar-nos. Estamos ansiosos para seu e-mail no seguinte endereço:

derivate@oldenbourg.de

Michael Bloss   Dietmar Ernst   Joachim Häcker   Letícia D.F. Ramalho

Nuertingen e Frankfurt Main, Maio, 2013

Índice

Prefácio   v
Autores   vii
Introdução   ix

1 Como são estruturados os mercados e o comércio de derivativos.   1

1.1 A História das Bolsas de Derivativos   1
1.2 O que são derivativos?   2
1.3 Por que a maioria dos derivativos negociados hoje são padronizados?   5
1.4 Qual a função do derivativo?   7
1.5 Quem são os participantes do mercado nas bolsas de derivativos? . . .   8
1.6 Como as bolsas de derivativos são organizadas?   9
1.7 Que outras definições básicas são necessárias para compreender o comércio de derivativos?   10
1.8 "Bursa Mater et Magistra" – ou: Como descrever o comportamento comercial razoável em uma Bolsa de derivativos?   13

2 A estrutura do mercado de derivativos – O exemplo da Eurex   15

2.1 Como funciona o mercado eletrônico de derivativos?   15
2.2 O que significa o principio do "Market-Maker"?   16
2.3 Como o comércio é realizado na Eurex?   18
2.4 Quais produtos podem ser negociados na Eurex?   20
2.5 O que significa o termo "clearing"?   20
2.6 Quais os tipos de contratos existentes?   22
2.7 Qual a data de liquidação execudata pela Eurex?   25

3   Opções – derivativos condicionais   27

3.1   Quais são as Opções disponíveis no mercado? 27
3.2   Quais os tipos de opções existentes? 29
3.3   Negociação de opções 30
3.4   Quais são as opções semanais? 32
3.4.1   Quando faz sentido optar pelas opções semanais? 32
3.5   Quais são as opções de baixo preço de exercício? 33
3.6   Fechamento de uma posição de derivativos 33
3.7   Roll-over 34

4   O preço das opções   37

4.1   Como os preços de uma opção são determinados teoricamente? 37
4.2   Quais são os fatores principais que influenciam os preços de opções? . 40
4.3   O que é paridade de compra e venda? 48
4.4   Como os preços de opções são determinados no modelo Black-
         Scholes? 49
4.5   Como os preços de opções são determinados no modelo de binômio? 51
4.6   O que significam os "Greeks" ou "Gregos"? 53

5   Estratégias envolvendo opções   55

5.1   Sobre o que são as quatro estratégias de negociação de opção básica? 55
5.1.1   Qual é a estratégia por trás da posição básica 1 – call longo/
         Aquisição de uma opção de compra? 56
5.1.2   Qual é a estratégia por trás da posição básica 2 – call short/venda de
         uma opção de compra? 58
5.1.3   Qual é a estratégia por trás da posição básica 3 – long put/aquisição
         de uma opção de venda? 60
5.1.4   Qual é a estratégia por trás da posição básica 4 – put curto? 62
5.2   Utilizando Opções com finalidade de Hedge 64
5.3   Quais combinações de opção são comuns? 65
5.4   Como criar uma estratégia em negociação de opções? 72
5.5   Qual é o significado da opinião de mercado? 74

6 Futuros – instrumentos de derivativos incondicionais 77

6.1 O que são os instrumentos conhecidos como futuros? 77
6.2 Mercado de futuros 79
6.3 Negociação de futuros 79
6.3.1 A efetivação e entrega de um instrumento Futuro 80
6.4 Futuros com base em Índices 81
6.5 Futuros com base em taxa de juros 83
6.6 Futuros com base em moedas estrangeiras 84
6.7 Futuros de Commodities 86
6.8 Futuros de baseados em uma única ação 86
6.9 O mercado para negociação de futuros 87

7 Preços de futuros 89

7.1 Como o preço de um futuro é determinado? 89
7.2 Como o preço de um futuro de taxa de juros é determinado? 91
7.3 O que é um título CTD? 92
7.4 Qual o significado de "liquidação final"? 93
7.5 Quais são as datas de vencimento comum para futuros? 93

8 Estratégias envolvendo futuros 95

8.1 Quais as estratégias são possíveis utilizando futuros? 95

9 Opções de futuro, estrutura sintética e combinações 107

9.1 Como as opções de futuros podem ser mais bem descritas? 107
9.2 Como as opções de futuros são definidas e estruturadas? 108
9.3 Qual é o método de estilo de futuro? 108
9.4 Quais as estratégias que os investidores usam com opções de
Futuros? 109
9.5 O que é uma posição de mercado de derivativos sintéticos? 112
9.6 Quais instrumentos podem ser combinados na prática? 113
9.7 Quais são as principais razões para a combinações de instrumentos
financeiros? 113

10   Derivativos cambiais

10.1   Histórico do mercado cambial 117
10.2   Algumas informações básicas sobre o mercado de câmbio 117
10.2.1 O mercado de negociações cambiais á vista 118
10.2.2 Negociações de derivativos cambiais via bancos 119
10.2.3 Determinando a taxa de câmbio 120
10.2.4 Transações de derivativos cambiais 121
10.2.5 Determinando a Taxa de Câmbio 121
10.2.6 Transações de derivativos cambiais em Bolsas 122
10.2.7 Resumo – Derivativos cambiais 122
10.3   O que são derivativos cambiais? 122
10.3.1 Taxa de swap – Derivativos Cambiais 123
10.4   O que são opções cambiais? 125
10.5   Quais são os futuros cambiais? 126
10.5.1 Possíveis aplicações 126
10.5.2 Intenções básicas de um investidor 127

11   Negociação de futuros de commodities

11.1   Transações de Commodities no mercado futuro vs. mercado à vista?   129
11.1.1 Futuros de commodities 130
11.1.2 Abertura e fechamento das posições e liquidações 131
11.1.3 Aplicação de vários modos de liquidação 133
11.2   Quais commodities são elegíveis para negociação no mercado de
        futuros? 133
11.3   Execução de contratos de futuros de commodities 134
11.3.1 Quando um investidor deve realizar transações de futuros de
        commodities? 135
11.4   Desenvolvimento do mercado de futuros 135

12   Preço e fatores que influenciam em negociações de futuros de commodities

12.1   Como os preços para futuros de commodities são determinados? . . 137
12.1.1 Preços para futuros de commodities 138
12.1.2 Como os preços são determinados 138
12.1.3 Qual problema apresentado por uma cotação "contango" 140

12.1.4 Negociação de futuros 141
12.1.5 Estocagem e armazenamento 141
12.2 Quais fatores podem causar impacto no preço? 142
12.3 Coletando informações 143

13 Estratégias com futuros de commodities e futuros de moeda

13.1 Estratégias comuns ao mercado de futuros de commodities 145
13.1.1 Hedging com instrumentos de futuros de commodities 146
13.1.2 Especulando com instrumentos de futuros de commodities 146
13.1.3 Arbitragem com instrumentos futuros de commodities 147
13.1.4 Margem de lucro em comércio de futuros de commodities 147
13.2 O que são combinações de moeda estrangeira e as transações
futuras de commodities? 148
13.3 Quais estratégias são comuns nos negócios de futuros de moeda? . . 149
13.3.1 Estratégias de hedge 149
13.3.2 Estratégias de especulação 150

14 Derivativos não negociados em bolsa

14.1 Derivativos não negociados em bolsa 151
14.2 O que é uma Swap? 151
14.2.1 Swap de taxa de juros 152
14.2.2 Swap de moeda 153
14.2.3 Swap de índice de ações 153
14.2.4 Swap de commodity 154
14.2.5 Negociações de swap 155
14.2.6 Taxas de juros variáveis 155
14.2.7 Quando e como aplicar os swaps 155
14.3 O que são opções de swaps e Garantia de Taxas de Juros? 156
14.3.1 Opções de swaps 156
14.3.2 Garantia de Taxas de Juros 156
14.4 O que são opções exóticas? 157
14.4.1 Que tipo de opções exóticas existem? 157
14.5 O que é um futuro (forward)? 161

15 Derivativos de crédito

15.1   Quais são os derivativos de crédito básicos? 163
15.2   O que é crédito? 163
15.3   Que tipos de derivativos de crédito existem? 164
15.3.1 Derivativos de crédito tradicionais 164
15.3.2 Derivativos de crédito modernos 165
15.4   O que são derivativos de crédito de securitização? 166

16 A estruturação de carteiras complexas com derivativos

16.1   Quais são os conceitos básicos da administração de posições e
       possíveis estratégias de expansão? 169
16.2   O que significam os termos média e pirâmide neste contexto? 170
16.2.1 Quais podem ser objetivos possíveis de expandir a exposição de um
       investidor? 171
16.3   O que é um roll-over? 173
16.3.1 Roll-over devido à tendência adversa do mercado 174
16.3.2 Prevenir uma cessão prematura 175
16.3.3 Estendendo investimentos de alto desempenho 175
16.3.4 Cross roll-over 176
16.4   Como são estabelecidas as posições? 176
16.4.1 Combinações 177
16.4.2 Definindo uma carteira 178
16.5   O que é presença no mercado? 180
16.6   O que é controle de risco? 181

17 Margem

17.1   O que é caução? 183
17.2   O que é margem/caução sujeita a risco? 184
17.3   Por que uma margem deve ser lançada e como ela é calculada? . . . 184
17.4   Que tipos de margens são comuns? 185
17.4.1 Margem de prêmio 185
17.4.2 Margem adicional 185
17.4.3 Margem de variação 186
17.4.4 Margem de spreads de Futuros 186
17.5   Margens para opções 188
17.5.1 Posições Adquiridas 188

17.5.2 Posições Vendidas 188
17.5.3 Margem durante o período de entrega 189
17.6 Margens de futuros 189
17.7 Margem para opções estilo futuro 190
17.8 Como são calculadas as margens para posições de opção? 190
17.8.1 Determinação de custos de liquidação 191
17.9 Garantindo o cumprimento das exigências de margem 191
17.10 Preço da liquidação 191
17.11 Liquidação obrigatória – ponto de vista do investidor 192
17.12 Liquidação obrigatória – ponto de vista banco ou corretora 192

Appendix 195

A.1 Perguntas e Respostas 197
A.2 Eurex-Disclaimer 215
A.3 Eurex Exchange – one of the leading derivatives exchanges in the world 219
A.4 List of Literature 223

1 Como são estruturados os mercados e o comércio de derivativos.

Este capítulo trata as seguintes questões:
1. Como o comércio de derivativos se desenvolveu historicamente?
2. O que são derivativos?
3. Por que a maioria dos contratos de derivativos negociados atualmente são padronizados?
4. Quais são as funções do comércio de derivativos?
5. Quem são os participantes neste comércio?
6. Como as trocas de derivativos são organizadas?
7. Que outras definições básicas são necessárias para compreender o comércio de derivativos e seus mercados?
8. "Bursa Mater et Magistra" – ou: O que é uma abordagem sensata no mercado de derivativos?

1.1 A História das Bolsas de Derivativos

As operações financeiras de derivativos que conhecemos atualmente tiveram origem na negociação futura de comodities nos mercados de derivativos (Bolsas de derivativos). Estes instrumentos foram criados com objetivo de proteger o detentor do mesmo do aumento futuro dos preços.

Dois mil anos antes de Cristo, as primeiras formas de comércio de derivativos surgiram na Índia. Diante de *varias incertezas* no que diz respeito a situações em diferentes regiões do mundo e as mudanças económicas, as pessoas comercializaram ainda de maneira rudimentar contratos futuros para travar os preços dos bens entregues por via marítima. Desde a Idade Média sabemos de contratos futuros na Inglaterra e França. Estes eram principalmente futuros de commodities a serem entregues a partir da Ásia após vários meses. Novamente, o motivo para essas operações foi de fixar os preços. Por volta de 1630, os Países Baixos tiveram a experiência intensa de negociação de opções sobre bulbos de tulipas (mais tarde conhecido como a Tulipa Mania). Semelhante a chamada nova economia que na virada do século trouxe a formação de bolhas devido à demanda excessiva nos paises baixos, tulipas tornaram-se cada vez mais caras, resultando em uma espiral de preços. Quando os investidores começaram a colher os seus lucros e se livrar de seus investimentos, este fenômeno trouxe uma onda de venda fazendo com que o preço das tulipas entrasse em colapso. A maioria dos investidores sofreram perdas de mais de 90 por cento. Na Ásia, o mercado de arroz e seda estavam acontecendo ao mesmo tempo. A bolsa de futuros na Asia ficou conhecida como "Mercado de Arroz Dojima". Hoje, é considerado o primeiro mercado de futuros em todo o mundo, localizado em Osaka, Japão.

Como a ascensão triunfal da bolsa de Chicago, conhecida como a "mãe de todas as bolsas de futuros", em 1848 (foi fundada em 3 de abril daquele ano), se teve pela primeira vez na história contratos futuros padronizados listados e negociados. Em 1989, foi criado a seguimentação de manteiga e ovos na Bolsa de Valores de Chicago. Originalmente, apenas manteiga e os ovos podiam ser comercializados desta forma. À medida que a gama de produtos aumentou ao longo dos anos, o conselho foi renomeado para *"Chicago Mercantile Exchange"* (CME), em 1919. Em 2007, a CME anunciou sua intenção de adquirir o *"Chicago Board of Trade"* (CBOT).

A pergunta que fica agora diz respeito à causa da popularidade dos contratos futuros. O rápido aumento da divida publica norte-americana, junto com a aboliçãodas das taxas de câmbio fixas (com contratos introduzido em 16 de maio de 1972, oMercado Monetário Internacional IMM), resultou em um novo ambiente econômico, tendo como caracteristica uma maior volatilidade.

Em resposta à preocupação quanto a volatilidade, o primeiro contrato de futuros financeiros – futuro de juros – foi introduzido em Chicago na década de 1970. Isto marcou o nascimento da negociação de futuros financeiros. Em 1972, pela primeira vez houve negociação de moedas estrangeiras entre as sete principais moedas globais negociadas. Os primeiros contratos no S&P 500 foram introduzidos no CME em 1982. Em 1988, a Bolsa Alemã de Derivativos – DTB ("DeutscheTerminbörse") foi fundada, a fusão em 1998 com o SOFFEX Swiss, para consolidar no que hoje é conhecido como Eurex. Em 1992, o Sistema CME de mercado GLOBEX (uma plataforma de negociação baseado em computador) foi colocado em serviço.

1.2 O que são derivativos?

Derivativos são instrumentos financeiros, onde início (T0) e conclusão (T0 + X) ocorrem em diferentes pontos no tempo, ao contrário de operações spot, como

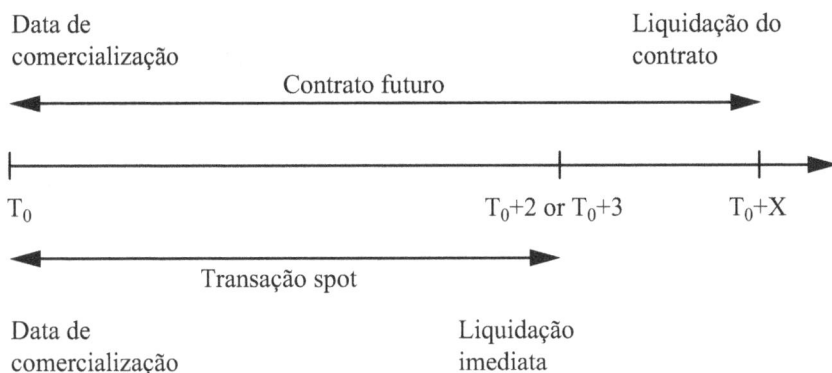

Figura 1.1: Pontos de liquidação – derivativos e transações em dinheiro

quando o contrato possuí apenas um período (liquidação ocorre no vencimento do mesmo). O derivativo é uma obrigação mutuamente vinculativo para entregar e receber um determinado bem em uma certa qualidade, e em uma determinada quantidade, por um preço previamente acordado, em um pré definido período.

A maneira clássica de derivativos é chamada de Forward ou Futuro. Forward é um contrato feito individualmente bilateral entre duas partes contratantes. Todos os seus componentes são customizados afim de atender a necessidade específica de um cliente. Ao contrário, um futuro é padronizado e, por conseguinte, negociáveis em Bolsa de Valores (derivativos). Seus componentes não podem ser determinados individualmente. Como tal, um futuro sempre pode ser transferido para outro investidor, enquanto o instrumento Forward, devido à sua natureza única e customizada a uma determinada necessidade, não pode ser repassado. Futuros também são conhecidos como derivativos condicionais. O seu cumprimento não exigi qualquer declaração adicional de intenção, e não há direito de escolha.

"Futuro é um derivativo que deve ser cumprido incondicionalmente. O comprador deste contrato assume um aumento, e o comprador uma redução no valor do ativo em referência".

Este ponto é o maior contraste com as opções, a qual também é um clássico dos derivativos. Ao contrário do futuro ou forward, uma opção proporciona ao seu comprador a possibilidade de escolha. Ele pode escolher entre liquidar ou não executar a opção.

"Uma opção garante o direto de comprar ou vender uma determinada quantidade de um ativo, por um período de tempo pré determinado, e por um preço fixado anteriormente".

O comprador da opção decide se a opção será exercida ou não. Depois de uma opção foi exercida, o vendedor (também conhecido como "lançador da opção") deve entregar o ativo em referencia. Como o parceiro silencioso na transação, o lançador da opção não tem o direito de escolha, para compensá-lo por que ele recebe um prêmio pela venda da opção ao comprador. Como o comprador não é obrigado a exercer o seu direito, mas pode, alternativamente,optar por abandoná-lo, as opções também são referidos como "condicional" operações com derivativos. Contrariamente ao futuro, exercitando-lhes opções não está sujeita a qualquer nova declaração de intenções por parte do comprador.

Opções que não são padronizados e negociados em bolsas de derivativos, mas concordou indi-vidualmente entre as partes contratantes são referidos como opções de balcão e eles são negociadas "over the counter".

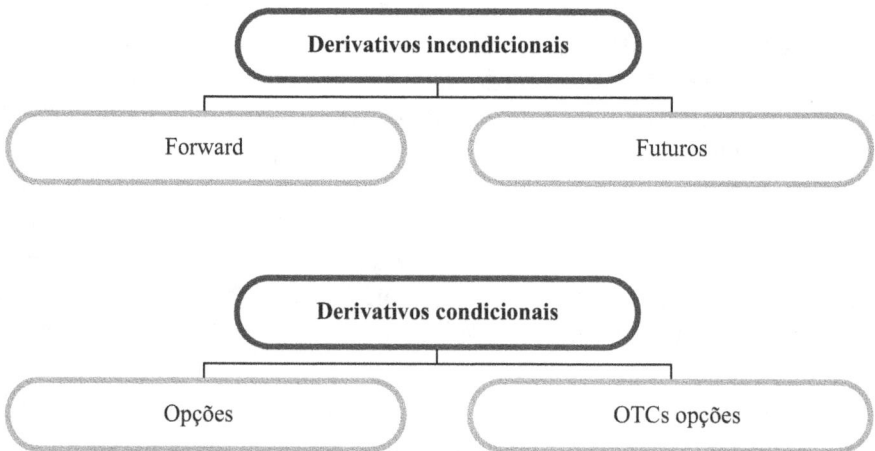

Figura 1.2: Derivativos incondicionais e condicionais

1.3 Por que a maioria dos derivativos negociados hoje são padronizados?

A maioria dos derivativos comercializados hoje são padronizados. Há várias razões por trás dessa padronização. Por um lado, os parceiros em potencial para um contrato forward (não padronizado) podem ser difíceis de localizar, levando o produto a uma falta de liquidez, impedindo a liquidação do mesmo. Contratos padronizados, por outro lado, permitem que caso uma parte desista, possa rapidamente ser substituida por outra. Como a estrutura contratual é padronizada e conhecida pelos integrantes do mercado, há agilidade de substituição também se faz possível. A padronização facilita a negociação rápida e contínua. Posições de derivativos podem ser abertas ou liquidadas (através de uma chamada ordem de compensação) em qualquer tempo.

Os contratos são padronizados com relação aos seguintes itens:
* Objeto
* Quantidade
* Preço de exercício
* Prazo de vencimento
* Local e Horário de negociação
* Qualidade do objeto

Derivativo
O ativo derivado é o objeto da transação com derivativos. Pode ser uma parte stockCompany empresa, um índice, uma mercadoria, ou boa outras instituições financeiras. A transação com derivativos é baseada neste recurso, – ou, em outras palavras, é a mercadoria "subjacente" a transação com derivativos.

Tabela 1-1: Abertura e Fechamento

Abertura (Pedido inicial)	Encerramento (Contra-ordem)
Long	Short
Short (curto)	Long (Longo)

Tamanho do Contrato (quantidade)

O tamanho do contrato define quantas unidades de um ativo derivado terá que ser entregue ou aceite sob a transação com derivativos em questão. Assim, a quantidade especifica de uma operação de derivativos.

Preço de exercício

O preço de exercício, é o preço pelo qual o ativo derivado deve ser comprado ou vendido quando a opção for exercida. Pode ser considerado o preço de base de uma operação de derivado. Os preços de exercício são continuamente listados por bolsas de derivativos, de acordo com a evolução de negociação. Consequentemente, há sempre suficientes preços de exercício disponíveis para comercialização.

Período do contrato

A data de válidade do contrato especifica a duração ou data de vencimento da transação. Internacionalmente, a terceira sexta-feira de cada mês é o último dia de negociação de derivativos nas bolsas, também conhecido como o "dia da liquidação".A terceira sexta-feira do mês final do trimestre, também é conhecido como "dia da liquidação final". Ambas as opções e contratos futuros expiram nesse dia.

Local e hora da negociação

Estes detalhes dependem dos regulamentos válidos para a troca particular. Eles indicam onde o derivado passará a ser negociado. Vezes comerciais de câmbio de permitir a oferta ea demanda para atender, e assim garantir a negociação ordenada e contínua. Isto é verdade tanto para o pregão e negociação baseado em computador.

Qualidade do ativo derivado

A qualidade do ativo que dá origem ao derivativo é particularmente importante para mercadoria baseados derivativos, como se pode haver algumas variações nas qualidades da mesma mercadoria. É precisamente o que especifica a mercadoria será entregue e recebida (por exemplo, açúcar No. 11). O mesmo é verdadeiro para as ações da empresa, em que o contrato especifica que tipo de ações serão entregues. Estas especificações ajudam a evitar erros ou enganos.

Se os elementos do contrato não são padronizados que devam ser negociados individualmente. Os contratos individuais não podem ser negociados com em mercados de negociação de derivativo-padrão, pois é altamente improvável que um terceiro irá procurar exatamente as mesmas especificações. É um contrato bilateral específico, individualmente acordado em transação com derivativos regida por um contrato personalizado.

Padronização de operações com derivativos também pode produzir desvantagens.Por exemplo, um investidor pode não ser capaz de cobrir precisamente as suas posições em relação à quantidade e duração (por exemplo, devido a uma quantidade pré-definida contrato). Neste caso, uma transação de balcão que é adaptado individualmente às preferências dos investidores, será a melhor escolha.

1.4 Qual a função do derivativo?

Para que mercados de derivativos possam ser desenvolvidos, liquidez é essencial. Esta negociação rápida e eficiente fornece a estrutura organizacional para que o mercado dos derivativos possa se desenvolver.

Como mencionado inicialmente, o motivo principal para a criação de bolsas de derivativos foi a realocação do risco. Bolsas de derivativos oferecer aos participantes um meio para se proteger contra variações de preço não desejadas no mercado à vista. Os riscos são transferidos de hedgers desejam se proteger de risco, para os especuladores que abraçam ativamente risco. Estes últimos são indispensáveis para garantir a negociação em contínuo na bolsa de derivativos, e, assim, permitir que ele seja executado sem problemas. Eles assumem os riscos existentes sem provocar novos riscos.

Além disso, bolsas de derivativos gerar informações de preços adicionais, revelando a evolução dos preços nos mercados spot. Isso permite decisões mais eficientes e eficazes, a preços de mercados de derivativos transportar mais informação do que os preços nos mercados spot. Isso facilita a negociação mais rápida e mais pró-ativa nos mercados de derivativos, bem como os mercados spot.

Devido aos custos de transação relativamente baixos e de liquidação rápida, até mesmo grandes posições podem ser negociados de forma eficiente e rápida, com a capacidade de movimentar enormes somas em questão de minutos. Mercados inteiros podem ser negociados em uma única transação, por exemplo, com um futuro de índice. Além disso, para iniciar uma comercialização de instrumentos de derivativos de câmbio, o investidor não precisa levantar o valor total negociado. Ao invés disto, o investidor precisa apenas oferecer apenas uma margem mínima de depósito, a finalidade desta é atuar como caução do contrato, garantindo a liquidação do mesmo. Quando as opções são comprada ("opções longas") o prêmio pago é apenas uma fração do valor do contrato correspondente. Isso permite que os investidores em negociar até mesmo grandes somas com as despesas de capital limitado. Outra grande vantagem de bolsas de derivativos é a possibilidade de lucrar com um preço diminuir. Embora os investidores em mercados à vista só podem apostar em uma valorização, os mercados derivativos que possam colocar as suas apostas em uma recessão. Dessa forma, há a possibilidade de lucrar, mesmo quando os preços das ações caem. bolsas de derivativos fornecer os instrumentos financeiros necessários para a prossecução destas estratégias.

1.5 Quem são os participantes do mercado nas bolsas de derivativos?

Existem vários diferentes tipos de participantes do mercado nas bolsas de derivativos.De acordo com a sua abordagem básica, eles são agrupados em quatro categorias: hedger, especulador, arbitrador, e o investidor conhecido como "spreader".

Hedger
O motivo do hedger é proteger as posições em seu portfólio. Ele pode ser considerado a verdadeira razão das bolsas de derivativos. O hedger é avesso ao risco, e protege-se contra riscos de preços de forma ativa e transfere o mesmo para outros participantes do mercado. Hedging lhe permite planejar melhor e calcular, por exemplo, os seus ganhos a partir de uma posição à vista. O resultado é uma transferência de risco clássico. Como já explicado anteriormente, os riscos de preços de transferência foram originalmente a idéia por trás de cada transação com derivativos.

Especulador
O especulador é o antagonista natural do hedger. Suas atividades comerciais são dirigidas pelo objetivo de fechar uma transação com um ganho. Em troca, o es-

Figura 1.3: Os participantes do mercado na bolsa de derivativos

peculador ativamente assume o risco, e através de suas posições cria a liquidez necessária aos mercados. Ele abraça ativamente risco na expectativa de um lucro.

Arbitrator

O árbitro se envolve em arbitragem, tirando partido dos níveis de preços diferentes para um determinado ativo e lucros do que a diferença de preço. Isso acontece com risco zero, para os contratos são comprados e vendidos simultaneamente. Com essas atividades, o árbitro também contribui para o mercado fluente, além da contribuição para os preços de mercado justos. A maioria dos árbitros são bancos e corretoras. A oportunidade de arbitragem faz no entanto desaparecem no curso dos acontecimentos, porque através do ato de arbitragem, as diferenças de preços para os objetos comerciais respectivos estabilizou.

Spreader

Um investidor que visa realizar um lucro, aproveitando as diferenças de preços. Ele compra um contrato que ele considera de baixo preço e vende um contrato que ele considera de alto preço. A abertura simultânea e close-out dos resultados posições em uma diferença de preço. O difusor pode lucrar ao máximo esta diferença de preço.

1.6 Como as bolsas de derivativos são organizadas?

A bolsa de derivativos podem ser organizados como tanto um pregão ou troca eletrônica. A forma tradicional é pregão, e é realizada no "chão" de viva voz ou gestos. Por outro lado, em troca eletrônicos, tais como Eurex, a negociação é perseguido de forma silenciosa e anonimamente através do sistema de dados. Todos os participantes da negociação se comunicar através de linhas de dados. Isso facilita a negociação supra-regional e internacional suave uma vez que todos os participantes têm acesso ao mesmo mercado e informações de preços exatamente ao mesmo tempo. Entrando encomendas através da tela de negociação faz para processamento extremamente rápido. pedidos são processados automaticamente de cem por cento. de liquidez é adicionalmente assegurada através de Tomada de mercado ativo.

1.7 Que outras definições básicas são necessárias para compreender o comércio de derivativos?

Investidores

Iremos explicar brevemente os investidores a longo prazo, devido à frequência do termo neste livro. Nossa definição de um investidor é alguém que se engaja em derivativos e operações de valores mobiliários. Ele pode ser tanto, um investidor (varejo) privada ou de um investidor (institucional) profissional. Ele pode até vender algo que ele não possui (venda descoberta), ou concluir qualquer tipo de transação com derivativos sem restrições em termos de prazo ou admissão. Assim, em nossa definição, um investidor tem meios financeiros ilimitados à sua disposição, que ele pode usar a qualquer momento e em qualquer lugar que deseje. Além disso, pensamos que o investidor como uma combinação de experiência com habilidade, e, portanto, é versátil na utilização de qualquer tipo de instrumento financeiro.

Derivativo

Devemos também definir o termo "derivativo". A palavra originou-se do termo latino "derivare" (para obter). É um instrumento financeiro derivado de outro, o instrumento "subjacente" (como um compartilhamento de stockCompany empresa)

O desenvolvimento de um derivativo está sempre ligada ao desenvolvimento de base subjacente. A base por sua vez, praticamente não é afetada por investimentos em derivativos, pois quando investir em derivativos prevemos uma mudança no preço do ativo derivado. Só muito raramente é o ativo derivado em si um elemento essencial da estratégia de um dos investidores. Em outras palavras, é a origem e base, mas não o objeto de um investimento. Ele pode se transformar em um investimento se o instrumento derivado é exercido. Neste caso, o instrumento derivativo de si deixa de existir e é substituído pelo ativo, que agora se torna a base da operação.

Hedge /Cobertura

Hedging é uma ação para assegurar os investimentos já realizados ou que são planejados, mas ainda continuam a com suas posições em aberto no portfólio de investimentos. Através de operações de hedge, os investidores se protegerem da evolução desfavorável dos mercados e mais seguro e proporcionar uma base para suas estratégias. O elemento de proteção é sempre o ponto central da operação.

Além disso, a cobertura sempre envolve uma despesa. O hedger é um investidor avesso ao risco;, ou um investidor que dá grande valor à previsibilidade.

Através de suas operações, ele transfere o risco para um terceiro, e assim dispõe desse risco.Em troca de que ele está disposto a pagar uma compensação monetária para a festa de risco-aceitação.

Especulação

Com posições especulativas, a situação é muito diferente. Neste ponto gostaríamos de expandir um pouco mais sobre o assunto de especulação. O termo se originou do latim "speculare" (para olhar ou insinuar). A especulação é sempre um compromisso de curto prazo destinada a gerar lucro. No entanto isso requer uma diferenciação mais precisa, como a especulação pode também ser projetado para ser médio ou mesmo a longo prazo. Nestes casos, no entanto, tendemos a falar de investimentos estratégicos ou especulação deliberada sobre a evolução futura.

O ato de se comprometer com investimentos a fim de realizar algumas contas de lucro para a maior parte da liquidez nos mercados de derivativos. Gostaríamos, portanto, ser justificado em dizer que a especulação é o motorista atrás de todas as ordens. Só se alguém está pronto para assumir um risco haverá uma transação. Um especulador sabe quais os riscos que ele está tomando, e geralmente tem uma boa compreensão desses riscos. De acordo com nossa definição, a especulação é o ato de gerar retornos ao aceitar os riscos envolvidos. Assim, um especulador assume os riscos (que muitas vezes são gerados pela economia como um todo) e tenta auferir um lucro legítimo da sua assunção de riscos. Os especuladores são muito importantes para as economias nacionais, pois sem a assunção de riscos investidores nosso sistema econômico não iria suportar. Pode-se mesmo dizer que a especulação é o motor da nossa economia.

Dividendos

Neste ponto, vamos nos dedicar brevemente a a análise de taxas de juros e dividendos, como eles podem influenciar direta ou indiretamente, operações com derivativos financeiros.

Os dividendos são considerados um meio para que as empresas distribuem os seus lucros, e influenciam diretamente o ativo derivado a uma transação com derivativos. Dividendos afectar a operação derivado si. Uma parte dos lucros da empresa é paga a seus titulares ação, o que diminui o patrimônio líquido da empresa. Isto por sua vez diminui o preço do âmbito activo deitado, e também altera o preço do derivado correspondente.

Juros

Olhando para as taxas de juros, percebemos imediatamente que existem diferentes taxas que variam de acordo com o prazo estabelecido. Ao traçar estas taxas de juro em um gráfico, obtemos assim a curva de juros versos data de vencimento dos contratos. É importante para determinar a probabilidade de uma mudança

Closing date

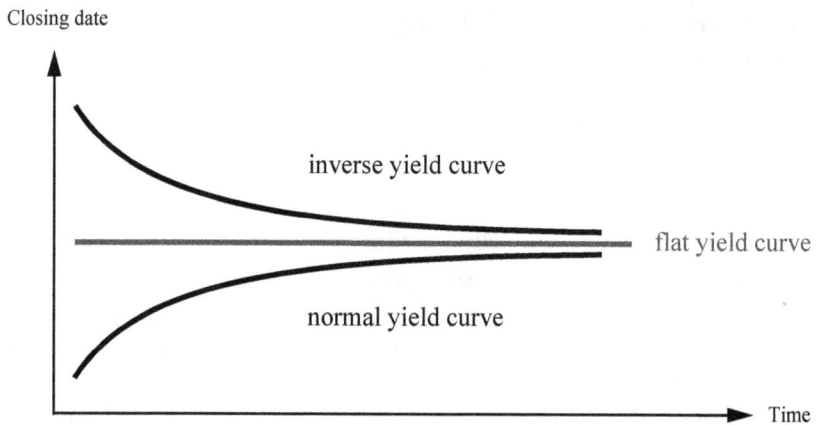

Figura 1.4: Curvas de estrutura de juros

na estrutura desta curva de juros, e da extensão da variação esperada. Nós diferenciamos entre três curvas de taxas de juros típicas:

- Curva de Juros Flat: Não há diferença entre os períodos. As taxas de juros seguem uma curva liniar.
- Curva de Juros Normal: conforme os períodos para liquidação dos contratos aumentam, as taxas de juros também sofrem reajustes. Esta curva é gradual, e considerada normal em economias sadias.
- Curva inversa de juros: As taxas de juros diminuem à medida que as datas contratuais se estendem. A curva inversa de juros é freqüentemente encontrada durante a recessão econômica e em tempos de tendências deflacionárias. A inflação deverá ser reduzida. Taxas de juros do mercado monetário são altas, e taxas de juros do mercado de capitais são mais baixos. Esta situação levará o Banco Central (ou instituição competente) a reduzir os níveis de oferta monetária.

A diferença entre as taxas de longa de extremidade e de curta final é referida como propagação prazo. Os diferenciais de longo prazo para o euro e o dollar são calculados com as fórmulas abaixo:

Termo Spread Euro

$$S_{eur}\left(\frac{10}{1}\right) = i_{10} - i_1$$

Termo Spread Dollar

$$S_{usd} \left(\frac{30}{0,5}\right) = i_{30} - i_{0,5}$$

Como regra básica, a curva de juros sobe quando a disseminação do termo é positivo e a retoma económica se pode esperar para continuar. Da mesma forma, um spread termo negativo indica tendências de recessão.

Nota sobre a situação dos EUA:

Nos Estados Unidos, é costume especificar rendimentos (retornos) ao invés de taxas de juro, portanto, a curva é conhecida como a curva de rendimento.

1.8 "Bursa Mater et Magistra" – ou: Como descrever o comportamento comercial razoável em uma Bolsa de derivativos?

Este título, um pouco provocativo, se destina a estimular o pensamento dos leitores sobre o que ocorre em uma Bolsa de derivativos. O primeiro fator e muito importante quando se utiliza os instrumentos e estratégias descritas aqui é ser muito claro sobre o volume que você está negociando e qual a responsabilidade implicada nesta carteira. Enquanto a negociação de 1.000 contratos de futuros não é um problema, você deve sempre estar ciente de que estes 1.000 contratos podem representar um enorme valor, por exemplo, no caso do Bund Euro Futuro (FGBL) seria equivalente a negociar 100.000.000 EUR. Outro fator importante que você precisa entender é que a bolsa de derivativos não operada para favorecer enriquecimento rápido. Pelo contrário, representa uma plataforma criada por seres humanos que oferece oportunidades para atingir esse objetivo. É preciso uma ação deliberada e persistência para ter sucesso duradouro em mercados de derivativos. Erros devem ser reconhecidos e eliminados, vaidade e ilusão podem resultar em perdas dramáticas. A regra básica é que, cinco estratégias pequenas são preferíveis a uma grande estratégia. Pode ser muito perigoso deixar-se conduzir pela alto volume financeiro e rápida sucessão de eventos.

Resumo

Negociações com derivativos existem desde a antiguidade, e não são uma invenção sa nossa era. Da maneira que conhecemos hoje, estes instrumentos começaram a ser comercializados em 1975. Existem básicamente dois tipos de derivativos: derivativos incondicionais (futuros e forwards) e derivativos condicionais (opções). Os derivativos negociados em bolsa de valores, são padronizados, garantindo assim negociações ágeis.

No mercado de derivativos, encontramos especuladores, „hedgers", „spreaders" e arbitros como participantes. Eles encontram uns aos outros por meio do comércio on line assim como presencial. Tais participantes, asseguram liquidez para os papéis em negociação. Possíveis razões para ingressar no mercado de derivativo podem ser a proteção de determinada carteira de investimentos, a especulação ou a combinação de ambos. A origem do mercado de derivativos foi o desejo de transferir risco, sendo este transferido do „hedger" para o especulador.

Instrumentos de derivativos negociados fora destas bolsas não são padronizados, e atendem pela sigla OTC.

2 A estrutura do mercado de derivativos – O exemplo da Eurex

Este capítulo aborda os seguintes temas:
1. Como funciona o mercado eletrônico de comércio de derivativos?
2. O que significa o principio do "Market Maker"?
3. Como o comércio é realizado na Eurex?
4. Quais derivativos podem ser comercializados?
5. O que engloba o termo "clearing"?
6. Quais tipos de especificações de ofertas existem?
7. Quais os dias de liquidação?

2.1 Como funciona o mercado eletrônico de derivativos?

Eurex é um excelente exemplo de um comércio totalmente informatizado. Se originou de uma fusão da DTB (Deutsche Terminbörse – Bolsa Alemã de Derivativos) e SOFFEX em 1998. Destes, a DTB (fundada em 1988 como uma holding) já havia se especializado em comércio eletrônico. Antes da DTB, a negociação de derivativos foi quase inexistente na Alemanha devido a uma falta de regulamentação correspondente, e por isso o novo comércio inicialmente enfrentou algumas dificuldades. Mas logo os benefícios do comércio de derivativos foram amplamente reconhecidos e a DTB foi capaz de se manter em meio a concorrência com os mercados europeus e os EUA. A característica mais marcante do até então jovem mercado eletrônico é sua estrutura inovadora com alto grau de funcionalidade, transparência e segurança. As transações são realizadas silenciosamente e rapidamente através do processador central: uma aplicação de software imediatamente cruza as solicitações de ordem de entrada, atribuindo cada novo pedido a um pedido existem, desta forma a Eurex é um exemplo de comércio de derivativos totalmente informatizado. Se as ordens não podem ser executadas imediatamente, o processador central transmite-as ao canal central de ofertas. Assim que a liquidação for possível, o sistema automaticamente inicia o processo de correspondência do pedido (liquidação e atribuição de pedidos/ordens). Novas solicitações (pedidos) são atribuídos de acordo com a sequência de prioridade, primeiro tempo, segundo preço, o que significa que a primeira ordem que pode ser executada será negociada. Se mais ordens/pedidos se tornam executáveis, estas serão processadas de acordo com sua ordem de entrada ("primeira a entrar, primeira a sair").

Um aspecto muito importe é a segurança envolvida neste processo. A Eurex utiliza três níveis diferentes em seu sistema de segurança:

- O primeiro nível de segurança se refere ao processador central da Eurex. O processador central existe para evitar uma paralisação completa. Caso o primeiro processador falhar, o segundo – que é ligado em paralelo – irá imediatamente assumir. Além disso, todas as linhas de processamento e comunicação são redundantes. Back-ups multiplos de todos os dados e pedidos completam a segurança.
- O segundo nível de segurança visa a proteção da segurança do mercado. Processos são permanentemente monitorados e examinados em busca de possíveis sinais de manipulação.
- O último nível se refere a preocupações com a segurança dos participantes. Para cada participante, a Eurex define um perfil de acesso adequado. Isso garante que somente pessoal autorizado podessam entrar com pedidos para negociação. Além disso, a Eurex também controla o acesso do seu pessoal no banco de dados. Isso garante que apenas os produtos/negociações on line de os dados para "Clearing" possam ser acessados por terceiros. Qualquer tentativa de acesso por terceiros fora do perfil descrito será recusada. Com este sisetema de segurança e de procedimentos a Eurex é hoje uma das bolsas de derivatidos lideres no mercado global.

2.2 O que significa o principio do "Market-Maker"?

A Eurex introduzia o princípio do Market-Making para proporcionar negociações constantes para todos os produtos. Market Makers são instituições que continuamente ou por demanda, oferecem ao mercado preços de compra para os produtos que eles comercializam. Estes preços de compra, são chamados cotas. Nestas cotas, o Market Maker precisa observar o limite de quantidade de contratos estabelecidos pela Eurex assim como uma margem pré definida. Adicionalmente, o Market Maker deve responder ao menos a metade (dependendo do status do mercado em que esta atuando, este limite pode ser ampliado para

Figura 2.1: Tipos de Market Making

85%) das cotações requeridas por minuto, e manter estas cotações válidas por 10 segundos. Somente desta maneira a parte requerente tem a chance de respondera oferta colocando um pedido. Após responder 150 requisições em um dia, a Market Maker pode recusar ou ignorar as requisições subseqüentes. Esta estrutura de mercado se refere ao processo Regular de **Market Making**. Para produtos comercializados com menos freqüência, existe o chamado **cotação por meio de solicitação**. Freqüentemente market making é chamado de "suporte ao mercado". Sem o suporte dos Market Makers, em muitas ocasiões não seria possivel negociar produtos, especialmente os menos comuns. Se um participante solicita cotação para um produto, o qual não há nenhuma cotação disponível, o sistema automaticamente a solicita e disponibiliza as mesmas. Em seguida o pedido é executado ou enviado a central de pedidos para processamento assim que possível.

Permanente Market Making esta disponível para opções (por um certo preço de exercício, chamado "at the money". Permanente Market Makers **constantemente** mantem ofertas para os respectivos produtos. **Esta oferta permanete garante a negociação constante e ágil dos mesmos.** Como tal, o Permanente Market Making é de extrema importancia e garante o bom funcionamento do sistema, sem o qual o mesmo não se manteria. Cotações por pacotes de producots (opções de ações, opções de index e opções em futuros fixos) fazem parte do mercado **Avançado de Market Making.** Da mesma forma as cotações são permanetes, para que a comercialização dos papeis seja garantida. Porém ao contrario da oferta Permanente, estas não são restritas a series individuais mas fazem referencia pacotes de produtos definidos pela bolsa de valores, nos quais possivelmente produtos diferentes integram a mesma.

2.3 Como o comércio é realizado na Eurex?

O comércio na Eurex é estruturado em diversas fases, incluíndo os seguintes passos:

Fase de pré negociação
Nesta fase, todos os participantes podem entrar, modificar, e cancelar pedidos. Nenhuma atividade de comercio teve inicio.

Fase de Abertura
Comércio na Eurex começa com um leilão de abertura. Primeiro, um registro de ordens casadas é criado. Estas ordens devem estar equilibras, pois este momento irá determinar as cotações de abertura e, possivelmente, os negócios que devem ser fechados imediatmente. Os preços estabelecidos são baseados no nível de preços do maior volume de ordens que pode ser executada. As ordens existentes são combinadas da melhor maneira possível, afim de garantir que o maior número de participantes possa ter seu pedido fechado imediatamente.

Período de negociação
Durante o período de negociação, pedidos em aberto e cotações são permanentemente comparados. Todos os pedidos e cotações apresentadas durante o período de negociação, que são compatíveis com uma ordem existente são imediatamente correspondidos. Se um pedido não pode ser resondido será transmitido ao registro central de ofertas. A liquidação de ordens é reportado em tempo real. Ambas as ordens e cotações pode permanentemente serem inseridas, modificadas ou excluídas.

Fechamento
Nesta fase, a carteira de pedidos está novamente equilibrada. Todos os pedidos em aberto e cotações são consolidados e realizados na medida em que seus correspondentes são enconrados. Uma vez que o processo de compensação para todos os contratos de futuros com base em um determinado produto tenha sido concluído, o leilão do mesmo é encerrado.

O encerramento de um Leilão termina sem definir uma cotação de fechamento final nas seguintes condições:
• Não há ordens de mercado para certos contratos a prazo, logo estas não serão executadas;
• Existem ordens de mercado que não podem ser executadas.

Fase de pós fechamento
Esta fase é dividida em quatro subfases:

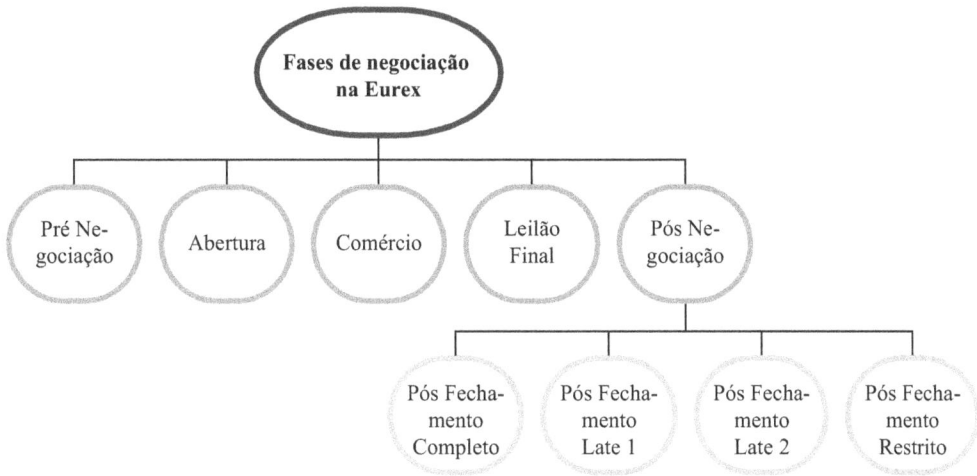

Figura 2.2: Fases de Negociação na Eures.

- **Pós Fechamento Completo:** nesta fase o contrato pode ser adicionado, modificado ou excluído;
- **Pós Fechamento (Post Late) 1:** pedidos para produtos OTC não podem ser adicionados.
- **Pós Fechamento (Post Late) 2:** este período existe somente para Opções sobre taxas de jurros, no ultimo dia de sua validade para comercio.
- **Pós Fechamento Restrito:** durante este período, somente recuperção de informações é possível. Pedidos para negociação no próximo dia útil, também podem ser incluídos.

Depois destas fases, os lotes são processados (processamento de todos os contratos negociados), inicializações e consultas não são mais possíveis. O sistema então é atualizado e preparado para o próximo dia de negociações.

Teoricamente, o comércio de derivativos poderia existir vinte e quatro horas por dia. Na verdade a manutenção do sistema leva apenas alguns minutos por dia. Contudo, a Eurex decidiu manter um período fixo para as transações; porém a GLOBEX, o mercado eletronico da CME (Bolsa de Valores de Chicago), opera vinte e três horas por dia, sendo esta uma hora restante utilizadas para manutenção e atalização da base de dados.

2.4 Quais produtos podem ser negociados na Eurex?

Por definição teórica, derivativos poderiam ter origem em qualquer produto. A seguir encontra-se os produtos mais comuns:
* Indíces
  - DAX®
  - EURO STOXX 50®
  - S&P 500
* Ações de Companias
  - Commerzbank AG
  - ThyssenKrupp AG
* Bonds / Produtos sobre taxa de juros
  - Euro Bund Future (FGBL)
  - 30 year Treasury Future (T-Bond)
* Comodities
  - Oil
  - Gold
  - Frozen Concentrated Orange Juice (FCOJ)

Estes são apenas alguns exemplos dentre muitos produtos disponíveis. Especificações de produtos estão disponíveis no apêndice deste livro.

2.5 O que significa o termo "clearing"?

Clearing é uma atividade essencial para viabilizar o processamento de cada pedido. Este processo inclui o back-up, o processamento (referente ambos, quantidades e pagamento), das transações concluídas. Na Eurex, a atividade de Clearing é realizada pela Eurex Clearing AG.

Participantes autorizados a integrar o comércio na Eurex, são distinguidos por seus níveis de Clearing/Processamento, este é dividido em três categorias:

Geral Clearing Membro
Esta licença é oferecida a bancos com capital mínimo de EUR 25 milhões de euros. Eles são autorizados a processar negociações de seus clientes ou ainda de outros participantes do mercado que não possuem licensas para Clearing.

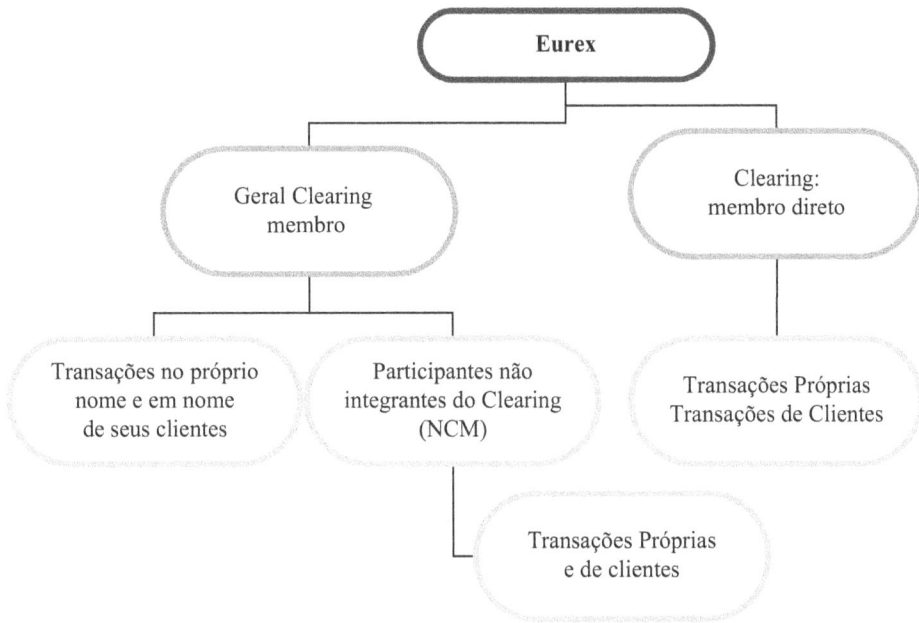

Figura 2.3: Eurex Membros do Mercado

Clearing: Membro direto

Bancos com capital minimo de EUR 12.5 milhões de euros podem obter esta licença. A mesma autoriza o fechamento de negociação em nome dos mesmos e de seus clientes.

Clearing: Não membro (NCM)

NCMs não processam nenhuma atividade de clearing. No entanto, isto não significa que eles não tenham nenhum acesso a Eurex. Os não membros, podem escolher participar por meio de um banco que possua uma licença geral. Este procedimento exige uma formalização entre o não membro e respectivo banco. Esta formalização representa um contrato, uma relação legal entre as partes, tendo em vista que somente membros "Clearing" podem estabeler relação direta com a Eurex Clearing AG.

2.6 Quais os tipos de contratos existentes?

Afim de compreender o mercado de derivativos, é indispensável conhecer os termos a seguir:
- Quais os tipos de derivativos que podem ser negociados?
  - Opções ou Futuros?
  - Quando Opções: de compra ou de venda?
- Você pretente comprar ou vender?
  - Long : compra ou Short: venda?
- Quantos contratos? Referente a qual ativo?
- Qual o mês e ano de vencimento?
- Qual o preço de exercício (aplicável para opções)
- Qual o limite de execução, se aplicável (ou menor/meior oferta = pedido de mercado)
- Validade do pedido (se aplicável – somente hoje: Bom-para o -dia: Good-For--Day – GFD, até o cancelamento, Good-Till-Canceled – GTC ou até determinada data, Good-Till-Date – GTD)
- Em qual mercado?
- Existe alguma caracteristica particular?
- Coberto ou Descoberto?
- É uma negociação combinada?
- Aberta ou Fechada?
- Possívelmente existam outros detalhes específicos do pedido.

Um pedido/termo, pode ser colocado com ou sem restrições. Termos sem restrições se referem a pedidos de mercado, e são executados imediatamene, se possível. Termos/Pedidos com restrições – como por exemplo, pedidos limitados – podem ter processamente mais longo, pois os mesmos podem ser executados no limites (pré estabelecido) ou acima do mesmo. Se uma ordem não pode ser processada imediatamente, a mesma será registrada em uma central de pedidos da Eurex. O mesmo é válido caso ocorram execuções parciais: a parte remanescente dá entrada na central de pedidos.

Restrições
- **Ordens com Limite:** neste caso, um certo preço precisa ser atingido, para que o pedido possa ser executado. Tal pedido somente será processado a determinado preço, ou acima deste, enquanto uma solicitação de mercado é processada no primeiro preço obtido pela mesma.
- **Stop Ordem (STP):** este é um contrato no mercado futuro, o qual pode ser executado quanto um determinado preço é atingido. Em outras palavras, este deve ser comprado acima, ou vendido abaixo o preço atual. Normalmente,

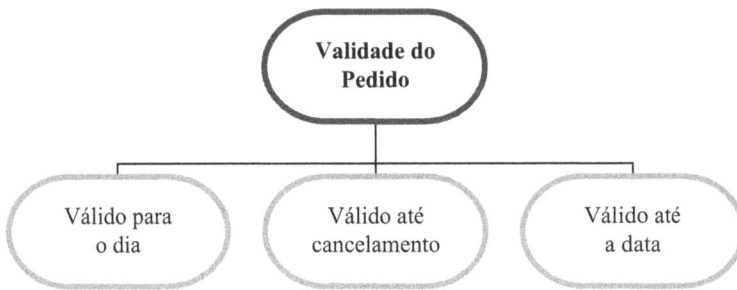

Figura 2.4: Diferentes tipos de validade para ordens/pedidos

pedidos com restrição, são gerados por sistemas, após analises técnicas de mercado. Isto possibilita investidores a estabelecer uma margem de segurança, possibilitando que os mesmos previnam perdas, ou garantindo que eles entrarão em uma comercialização fávolravel, não primeiro sinal demonstrado pelo mercado.

- **Executar e Cancelar (Fill and Kill; FAK):** pedidos com esta especificação devem ser executados imediatamente, caso há necessidade o mesmo pode ser dividido em partes, as partes não executaddas serão canceladas.

- **Executar ou Cancelar (Fill or Kill; FOK):** os pedidos com esta especificação devem ser executados integralmente e imediatamente ou serão cancelados. Liquidação parcial não é possível.

- **Pedido Margem (Spread order):** um pedido-margem negocia a margem completa dentro de um pedido. O resultado de compra e venda são imediatamente indicados (de maneira acordada).

- **Imediato ou Cancelado (Immediate or Cancel order; IOC):** este pedido deve ser executado imediatamente. Execuções parciais também são permitidas. Partes não executadas serão canceladas. Este tipo de contrato é negociavel na Eurex para combinações com futuros e com opções.

Um outro detalhe do pedido que pode ser definido antes da negociação é sua validade. A distinção é realizada da seguinte forma: pedidos válidos somente para o mesmo dia (**Good for Day; GFD**), pedidos válidos até um certo período (**Good till Date; GTD**) e pedidos válidos até cancelamento do mesmo (**Good till Cancelled; GTC**).

Liquidação de Pedidos

Afim e evitar volatilidade de preços indesejada, a Eurex estabeleceu um limite máximo de futuros para um número de pedidos ilimitados. Esta medida visa proteger o investidor (a parte que coloca o pedido) de movimentos indesejados de preços.

A liquidação (processamento) é realizada de acordo com a prioridade preço/tempo. Ordens que não podem ser executadas imediatamente (ou somente liquidação parcial) são registradas na central de pedidos da Eurex afim de serem executadas assim que possível. Execuções parciais são possíveis todo o tempo (exceto para solicitações que restrinjam as mesmas). Devido ao fato de ser uma bolsa eletronica, a velocidade de processamento de um pedido é muito alta. Imediatamente após a liquidação, o sistema reporta referente aos contratos negociados, o preço de liquidação, e a quantidade negociada.

Outros tipos de pedidos

Em outros mercados de derivativos, existem muitos outros tipos de pedidos. Um exemplo seria o Pedido-Mercado-se-alcançar (Market-if-Touched order) este se torna válido, quanto o preço preterido é disponibilizado. Um Pedido-não-realizado (**Not-Held order**) ou **Pedido em espera (Take-Time order) permite ao negociante um pouco mais de discrição na liquidação do mesmo. Se o corretor acredita que este pode ser executado de maneira mais favorável em um outro período, este tem permissão para incluí-lo em sua central de pedidos e executa-lo quando julgue apropriado.** Neste caso, recorrer juldicialmente não é permitido.

Existe ainda o pedido de "**Cancelamento anterior**" – ou seja o requisitante solicita o cancelamento do pedido fechado anteiormente. "**Um cancela o outro**" e um pedido que permite inumeras combinações, sempre que um pedido processa o pedido colocado imediatamente antes. Por ultimo, mas não menos importante, há pedidos que devem ser executados no inicio do processo ou no final.

É de extrema importância para os investidores compreender as especificações e tipos de pedidos possiveis, a situação individual de cada investidor, irá determinar qual tipo de ordem/pedido este deve escolher. Ao mesmo tempo, é importante entender quais tipos de ordens bancárias, ou ordens oferecidas por corretores, por nem todos eles oferecem todas as opções possiveis. Finalmente, os investidores devem sempre certificar-se que a ordem em que estão prestes a colocar realmente faz sentido. Se um ativo principal é suspenso no mercado primário, todos os pedidos derivados deste serão cancelados. Depois da reintrodução do ativo principal estas ordens terão de ser emitidas novamente.

2.7 Qual a data de liquidação execudata pela Eurex?

Normalmente, a validade da opção se encerra na terceira sexta-feira de cada mês, e os futuros de índice são liquidados na terceira sexta-feira do mês ao final de um trimestre (estas regras são praticadas também no Mercado internacional). O último dia de negociação de futuros de renda fixa é de dois dias de negociação antes do dia de entrega (entrega no dia 10 = décimo dia do mês de vencimento). O último dia de negociação de opções sobre futuros de renda fixa é de seis dias de comercialização antes do primeiro dia de calendário do mês da opção de venci-mento. Opções semanais expiram as sextas-feiras.

Resumo:

Eurex é um dos principais mercados de comércio de derivativos no mundo. Esta nasceu da fusão da DT e SOFFEX na Europa em 1998. Eurex é um Mercado totalmente eletrônico, a presença de diversas corretoras, garante a liquidez dos instrumentos disponíveis. A gama de produtos oferecida é ampla, e amplia-se continuamente afim de atender a de-manda de um Mercado em constante transformação. O sistema de segu-rança é organizado em diferentes niveis. Os integrantes deste Mercado, podem aplicar para diversos tipos de membresia. O comércio na Eurex possuí velocidade, coerencia, bom processamento, assim como preço justo para opções e futuros.

3 Opções – derivativos condicionais

Este capítulo trata das seguintes questões:
1. O que são opções e qual é a diferença entre as opções de call e put?
2. Onde as opções diferem?
3. Quais são as opções semanais?
4. Quando faz sentido negociar nas opções semanais?
5. Quais são as opções de preço de exercício baixo?

3.1 Quais são as Opções disponíveis no mercado?

Essencialmente, as opções são acordos bilaterais que são válidos por um período limitado e envolvem uma escolha adequada. Como esses contratos são padronizados, eles podem ser comercializados em bolsa de valores que ofereçam derivativos. A palavra "opção" vem do latim "optio", que significa "desejo livre" ou "escolha livre". O investidor tem um direito de escolha. Como mencionado antes, as opções em que os detalhes do contrato foram definidas individualmente são referidas como opções de OTC. As partes contratantes negociam diretamente, o mercado não é usado como intermediário. As opções sempre envolvem uma distribuição assimétrica de risco.

Há dois tipos básicos de opções: Opções de call (envolvendo uma opção de compra) e a de put (envolvendo uma opção de venda).

Opções de Compra – Call Options
Uma opção de call (de compra) oferece ao comprador (referido como Longo) com o direito, mas não a obrigação, de comprar certa quantidade (tamanho do contrato) de um instrumento ou subjacente dentro de certo período de tempo (vencimento) ou até certa data (último dia de negociação) e a um preço definido mediante a conclusão do contrato (preço de exercício).

Exemplo:

Um investidor quer investir em ações da empresa X. Com base na sua análise, ele espera a ação para observar. Em vez de investigar diretamente, ele compra as opções de call. Graças ao valor mais baixo em fundos líquidos necessários, ele compra muito mais opções que poderia comprar de ações. Caso o preço das ações aumente conforme esperado, o investidor vai se beneficiar ainda mais, como um resultado de efeito de alavancagem.

Opções de Venda – Put options
Uma opção put (de venda) oferece ao comprador (longo) com o direito, mas não a obrigação, de vender Certa quantidade (tamanho do contrato) de subjacente com certo período de tempo (vencimento) ou até certa data (último dia de negociação) e a um preço definido com antecedência (preço de exercício).

Exemplo:

Um investidor leva ação da empresa Y em seu portifólio. Espera que o preço das ações aumente, mas não está totalmente seguro. Para manter sua posição, ele adquire opções put em ações Y. Assim, se o preço de ações diminuir, ele poderá compensar as perdas. Como os puts comprados vão perder valor se as ações aumentam, nosso investidor terá uma perda em sua posição de opções, mas se o aumento for maior do que as perdas estas serão compensadas. Contrariamente, se o investidor vendeu suas ações imediatamente, ele não poderia se beneficiar de um possível aumento de preço. Em resumo, a compra de opções put permite gerar, pelo menos algum lucro a partir do investimento, que não poderia acontecer, se vendesse suas ações imediatamente.

A contraparte ao comprador (posição longa) é o vendedor (também considerado emissor da opção ou posição curta). Ele não tem direito de escolha, mas depende da decisão do comprador. Em troca, ele recebe um prêmio do comprador. Assim, ele celebrou uma obrigação (já que não tem nenhum direito de escolha) para vender (opção call) ou comprar (opção put) a quantidade predefinida de segurança subjacente na hora e ao preço acordado, se ou quando a opção for exercida.

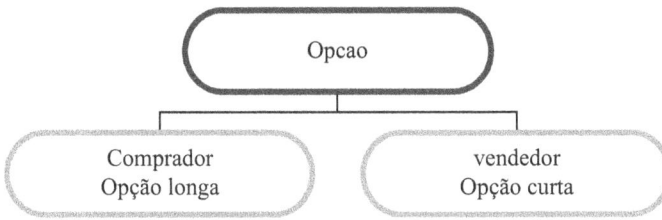

Figura 3.1: Opções e partes envolvidas

Tabela 3-1: Direitos e obrigações com as opções

	Direito	Obrigação
Comprador	Exercício da opção	Pagamento de prêmio
Vendedor	Recebimento de prêmio	entre ga ou recebimento

3.2 Quais os tipos de opções existentes?

Tipos de Opções

Aprendemos previamente que as opções podem ser divididas em call e put.

Outro critério de distinção é como são exercitados. As opções que podem ser exercidas durante todo o vencimento estão referidas como opções de estilo americano e a maioria delas se baseia em seguranças individuais. As opções que podem ser exercidas somente no final do vencimento (ex.: no último dia de negociação) são chamadas de opção de estilo europeu. Este tipo é encontrado principalmente nas opções de índice.

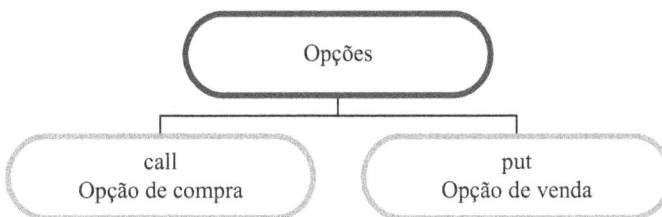

Figura 3.2: Tipos de opções

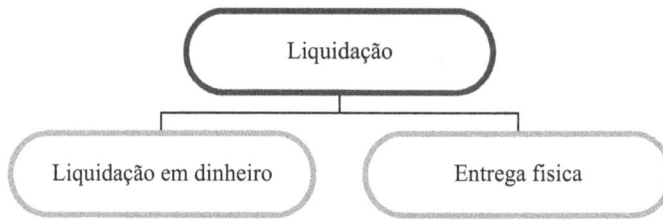

Figura 3.3: Diferentes modos de executar uma opção

Claro, as opções também diferem em quais commodities ou papéis (ex.: ações) se referem. O termo técnico utilizado aqui é "subjacente": O subjacente é o objeto de comercialização em que um derivado se baseia. Os ativos subjacentes podem ser ações, índices, commodities ou até outros derivativos. Uma diferença final consiste em como os contratos de opção são definidos – por exemplo: em dinheiro ou entrega física do ativo subjacente. A definição em dinheiro é utilizada sempre que a entrega física for impossível (como, por exemplo, com opções de índice): Nesse caso, a diferença entre subjacente e o preço de exercício é pago em dinheiro. Se um subjacente tiver que ser entregue fisicamente (como no caso de opções de equidade), a entrega é coordenada pela câmara de compensação.

3.3 Negociação de opções

Contrato

Após mencionar o termo contratos por diversas vezes, provavelmente estamos devendo uma definição precisa. Um Contrato é uma transação de derivativos de quantidade mínima. Por exemplo de equidade tradicional inclui 100 ações, os prêmios para as opções de índice são dados como pontos de índice, que devem ser Multiplicado com certo número – o multiplicador do índice – para determinar o valor real. O Multiplicador é calculado separadamente para cada índice. Por exemplo, para o Índice de Ações Alemão (DAX®), é de 5 euros por ponto, para o EURO STOXX 50®, é 10 euros por ponto. Os multiplicadores são publicados pelos câmbios de derivativos e podem ser vistos nas regulamentações de negócios. Um contrato é a unidade mínima negociável para um instrumento de derivativos e assim incluir certa quantidade. A palavra "contrato" vem do burocratês do século XV para um acordo vinculativo (latim: contractus).

Recebimento e pagamento do prêmio

O prêmio (do latim, praemium = ganho ou vantagem) a ser pago ou recebido de uma opção deve ser pago imediatamente mediante a conclusão de uma negociação. Deve estar disponível para o pequeno investidor sem atraso. Assim, o grande investidor encara a despesa de liquidez, e o investidor pequeno com um ganho de liquidez no mesmo dia. Este modo de pagamento se aplica a todas as opções tradicionais.

Modos de liquidação

Um pedido é inserido no pós-processamento quando uma opção for exercida ativamente. Para isso, os participantes de liberação com as respectivas posições pequenas são identificados e atribuídos uma liquidação aleatoriamente. No dia seguinte, os clientes são informados e o processamento é iniciado. A liquidação ativa é chamada "exercício", a passiva (pelo investidor pequeno) é chamada "atribuição". Assim, a atribuição é um pedido de entrega ou recebimento resultante do exercício.

Em termos práticos, isso significa que se um call longo for exercido, o investidor de call curto deve entregar o ativo subjacente. A entrega é coordenada pela câmara de compensação. Se um put longo for exercido, a parte que está exercendo entrega o ativo subjacente ao emissor que é obrigado a aceitá-la. Depois do exercício, a opção deixa de existir: O contrato é atendido e expira. Retomar a posição original não é possível. Os investidores podem somente substituí-la por uma transação nova em troca, por exemplo, celebrando um novo contrato e comprometendo-se com uma nova transação.

Situações especiais ao exercer as opções

Em vista das particularidades dos pagamentos de dividendos, Eurex decidiu não permitir opções de serem exercidas no dia das reuniões de acionistas. Costumava ser possível anteriormente, combinado com um cancelamento de dividendos, porém a complexidade do processo causado pela Eurex para cessar as ofertas deste tipo de transação. Caso a reunião de acionistas acontece no último dia de negociação, as respectivas opções podem somente ser negociadas até (e incluindo) o dia anterior.

Produtos de opção

As estratégias de opção poderiam ser baseadas em qualquer subjacente e implementadas corretamente. Na prática, geralmente se baseiam em Ação Ordinária e líquido de índices grandes e médios e também as opções exóticas selecionadas. No que tange as opções de índice, elas também estão listadas para negociação de acordo com a liquidez e demanda de mercado. Por exemplo, os ETFs (Fundos de Índice) estão disponíveis, entre outros, para as equidades DAX®-30. É importante entender quais derivativos os corretores ou bancos estão oferecendo. Para toda negociação de derivativo, segurança de liberação deve ser determinada. Somente então a declaração segura pode ser garantida para todas as partes e é por isso que os bancos e corretores oferecem somente contratos que podem processar.

Geralmente os mesmos contratos são negociados em diferentes câmbios. Os investidores devem assim ficar de olho na liquidez e no processamento. Na maioria dos casos, é recomendável processar os contratos no câmbio doméstico, onde a liquidez é mais alta. As respectivas especificações de contrato são definidas nas regulamentações de câmbios e devem ser visualizadas antes de iniciar a primeira transação para evitar surpresas ruins posteriormente. Os investidores também devem pensar sobre uma possível definição ou estratégia de saída antes de fechar um negócio.

3.4 Quais são as opções semanais?

Fora do ciclo comum de validade (3ª sexta-feira do mês), a Eurex oferece opções semanais desde 24 de abril de 2006. Essas opções podem vencer na primeira, segunda ou quarta sexta-feira do mês. Assim, elas complementam o vencimento de opção da Eurex em um ciclo de vencimento. Há também as opções que vencem na quinta sexta-feira de um mês. Caso não tenha a quinta sexta-feira no mês em questão, a data de vencimento passa para próxima quinta sexta-feira.

3.4.1 Quando faz sentido optar pelas opções semanais?

As opções semanais fazem sentido sempre que os investidores querem cobrir o intervalo entre as datas de vencimento "regulares"; por exemplo, durante os períodos quando os relatórios trimestrais são publicados. Muitos investidores institucionais também usam este tipo de opção para manter flexível. Antes da introdução ao câmbio, as opções semanais foram somente OTC. Como a série é executada somente por um período bem curto, as opções semanais têm uma alta exposição gama – isto é, o preço de opção responde bem dinamicamente às mudanças no ativo subjacente. As estratégias de especulação e cobertura podem assim ser administradas bem de perto. Por exemplo, as estratégias de especulação podem ser definidas pouco antes de as companhias publicarem seus últimos números. Isso também é verdade para as transações de cobertura, se um desenvolvimento negativo for antecipado.

Atualmente, as opções semanais estão disponíveis para as empresas DAX®, EURO STOXX 50® e SMI® As especificações de contrato são as mesmas para a série "normal", "longa".

3.5 Quais são as opções de baixo preço de exercício?

As Opções para baixo preço de exercício (LEPOs) são aquelas com um preço de exercício próximo a zero (assim, o outro nome é opção de zero strike"). O valor dessas opções muda em paralelo com aquele do ativo subjacente, devido a estar profundo em "in the money". Os LEPOs são usados, por exemplo, para criar "produtos estruturados". A vantagem comparada a um investimento direto é aquela que pode ser criada

Em posições sem precisar emprestar fisicamente as ações. Isso significa que esses instrumentos também estão disponíveis para os investidores que não querem, ou não conseguem, se engajar em transações de empréstimo de segurança. O preço de definição diário é determinado usando o modelo de binômio de Cox Ross Rubinstein. Se for necessário, os pagamentos de dividendos, as taxas de juros atuais e outros pagamentos serão considerados.

3.6 Fechamento de uma posição de derivativos

Sempre que um investidor quiser se liberar das transações de derivativos, é possível fazer isso a qualquer momento durante o vencimento fechando os contratos abertos. O fechamento é realizado por meio de uma negociação de compensação que elimina todos os direitos e as obrigações do contrato original.

Tabela 3-2: Abertura e encerramento

Abertura	Encerramento - Neutralização da posição
Long Call – Aquisição de opção de compra	Short Call – Venda de opção de compra
Short Call – Venda de opção de compra	Long Call – Aquisição de opção de compra
Long Put – Aquisição de opção de venda	Short Put – Venda de opção de venda
Short Put – Venda de opção de venda	Long Put – Aquisição de opção de venda

Exemplo:

Um investidor tem 100 contratos de put curto aberto em ação da companhia X. Ele quer se livrar desse risco. Ele fecha os 100 contratos abertos de put curto ao fazer a transação de uma negociação de compensação em que adquire 100 contratos de put longos com as mesmas características dos contratos que havia vendido. A diferença entre o preço de compra e de venda é o ganho ou a perda.

put curto 100 X contratos = EUR 15,000
put longo 100 X contratos = EUR 10,000

Neste exemplo, nosso investidor tem um lucro de EUR 5,000.

Se um investidor tiver adquirido uma de compra longa e fechar essa posição, ele vende a opção. Se ele vendeu originalmente a opção, ele vai precisar comprar de volta para fechar sua posição, neutralizando assim o risco da mesma – pré determinando seu lucro ou prejuízo.

Na prática, embora as posições fechadas integrem a carteira, os mesmos são mostrados separadamente.

3.7 Roll-over

Um roll-over permite que o investidor aumente sua posição além do último dia de negociação. Ele fecha a posição e reabre simultaneamente com data de vencimento posterior. No curso desse roll-over, também é possível alterar o preço de exercício e/ou número de contratos. Se nenhum gasto adicional acumula para o investidor, há um roll-over de prêmio neutro. O roll-over aumenta uma posição do investidor além do vencimento do contrato original. Ao ajustar o número de contratos e/ou o preço de exercício, o investidor pode adaptar sua posição de opção aos desenvolvimentos do mercado atual.

Exemplo:

> O investidor A tem 100 contratos abertos no futuro X. Desde que ele supõe que o índice de X.
>
> Continua crescendo, ele quer aumentar sua posição além da data de vencimento original. Ele vende os 100 contratos e adquire simultaneamente 100 novos contratos com uma data de vencimento posterior. Assim fizeram o roll over da posição para a nova data de vencimento.

Resumo:

As opções podem ser comercializadas em Bolsas de Valores/Derivativos/Futuros ou em balcão (over the counter – OTC). As opções em estilo americano podem ser exercidas durante o vencimento; as opções em estilo europeu podem ser exercidas somente ao final. A liquidação pode ser feita em dinheiro ou por entrega física. Um investidor que deseje fechar sua posição prematuramente e eliminar todos os direitos e obrigações pode concluir um fechamento ou compensação. Como alternativa, as posições de opção podem ser prorrogadas, termo também conhecido como "roll over".

4   O preço das opções

Este capítulo trata das seguintes questões:
1. Como os preços de opção são determinados teoricamente?
2. Quais condutores de valores influenciam os preços de opções?
3. O que os famosos Greeks (gregos) significam?
4. O que é paridade put-call?
5. Como os preços de opção são determinados no modelo Black-Scholes?
6. Como os preços de opção são determinados no modelo de binômio?

4.1 Como os preços de uma opção são determinados teoricamente?

Em câmbios derivativos, as opções são comercializadas a preços que podemos chamar de Prêmios e que podem ser determinados por meios teóricos. Antes de Tratarmos com esta questão subjetiva e complexa, vamos primeiro dar uma olhada nos fundamentos do preço de opção.

Valor intrínseco
O preço de uma opção consiste em dois componentes básicos: **o valor intrínseco** e o **valor de tempo**.

Simplificando, o valor intrínseco é a diferença positive entre o preço de exercício e o preço de ativos subjacentes.

Uma opção de call tem um valor intrínseco se o preço do subjacente for maior que o preço de exercício da opção.

Exemplo:

Ativo subjacente: EUR 30
preço de exercício: EUR 28
valor intrínseco: EUR 2

Uma opção de put tem um valor intrínseco se o preço do subjacente for menor que o preço de exercício da opção.

Exemplo:
Ativo Subjacente: EUR 30
Preço de exercício: EUR 32
Valor intrínseco: EUR 2

Assim, as três possibilidades de preço: uma opção pode ser at-the-money (no dinheiro) (ATM), in-the-money (ITM), ou out-of-the-money (OTM).

Tabela 4-1: possibilidades para preços de opção

	In the money – Positivo	At the money – Neutro	Out of the money – Negativo
Call – Compra	preço do ativo subjacente > preço de exercício	preço do ativo subjacente = preço de exercício	preço do ativo subjacente < preço de exercício
Put – Venda	preço do ativo subjacente < preço de exercício	preço do ativo subjacente = preço de exercício	preço do ativo subjacente > preço de exercício

O valor real de uma opção no final do vencimento é também chamado "valor intrínseco".

O valor intrínseco pode ser igual a zero, mas nunca ser negativo.

Desde que as opções out-of-the-money tenham um valor, há outro fator muito importante para o preço de opção: o valor de tempo.

Valor do tempo
Se não houver nenhum valor do tempo, somente as opções in-the-money terão um preço que será exatamente igual ao valor in-the-money. Assim, o valor do tempo é a diferença entre o valor intrínseco de uma opção e seu prêmio (**valor do tempo = prêmio da opção – valor intrínseco**). Outro ponto de destaque é que o valor de tempo aumenta com o vencimento remanescente da opção, devido a sua função. Quanto mais longo for o vencimento remanescente da opção, maior será

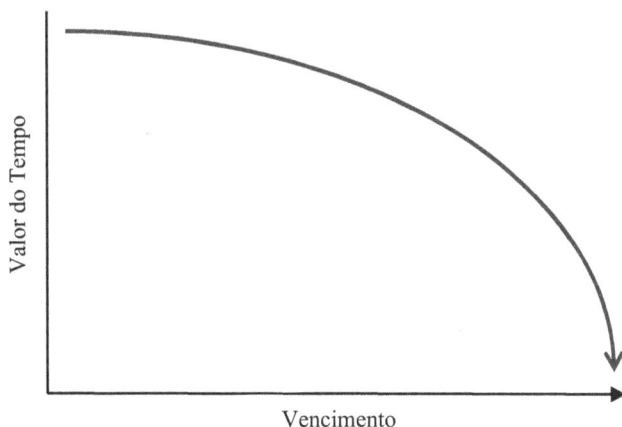

Figura 4.1: Função do valor de tempo

a oportunidade de acabar in-the-money, assim ter um valor real (intrínseco) no último dia de comercialização.

Igualmente, o valor de tempo da opção diminui com o vencimento remanescente. Essa redução não é linear, mas sim exponencial, e também é devida à função do valor de tempo. Quanto mais houver uma oportunidade de a opção terminar in-the-money, mais alto é o valor de tempo – e vice-versa. Isso é porque a chance de uma opção gerar um lucro diminui exponencialmente até o último dia de comercialização, enquanto que o risco de validade sem valor aumenta na mesma proporção.

Por todos esses motivos, a seguinte regra deve ser observada:

As opções com um prazo remanescente curto devem ser vendidas porque o valor de tempo diminui rapidamente e as opções com prazo longo devem ser adquiridas.

Como explicado anteriormente, as opções out-of-the-money não têm nenhum valor intrínseco.

Devemos acrescentar aqui que as opções são profundas no dinheiro que tem valor de tempo adicional quase zero, como a função daquele valor de tempo – expressando a possibilidade de que a opção pode terminar in-the-money – já foi alcançada.

Exercício prematuro da opção

O mecanismo do preço descrito mostra que geralmente não é uma boa idéia fazer exercício de uma opção longa antes do vencimento, já que é possível perder muito valor de tempo. Vamos elaborar usando um exemplo:

10 opções de calls longos no preço de
e exercício da ação X: EUR 50
Preço da ação: EUR 50
Prêmio da opção: EUR 7.50
Vencimento: 3 meses
Se esta opção foi exercida, o valor de tempo de EUR 2.50 (EUR 7.50 preço de opção – EUR 5 valor in-the-money / valor intrínseco = EUR 2.50 valor de tempo) Devemos poder vender as ações por EUR 50, mas isso causa uma perda de EUR 2.50 no valor de tempo.

Se um investidor supõe que o preço do subjacente vai cair e assim deseja ter lucro, será bem aconselhado a fechar sua posição de opção. Isso permite que o valor de tempo e o intrínseco da opção sejam feitos.

A especulação utilizando a venda de opções sempre se refere ao valor de tempo, que geralmente é expresso como uma parte extra do prêmio da opção.

4.2 Quais são os fatores principais que influenciam os preços de opções?

Preço do ativo subjacente

O preço do subjacente é um condutor importante já que o prêmio da opção muda Junto com ele. Uma opção de call aumenta em valor se o subjacente quiser e diminui, se o preço cair. Contrariamente, uma opção put aumenta em valor quando o subjacente fica mais barato e vice-versa.

Este mecanismo segue da definição básica das duas opções; o direito de comprar um bem se torna mais caro, caso o produto aumente em valor e o direito de vender mais caro, quando o preço cair.

Isso também explica porque um derivado (um instrumento derivado de uma estrutura de investimento básica) depende continuamente do preço do subjacente.

Como conseqüência, as alterações no preço do subjacente sempre vai incorrer mudanças no preço do derivado.

Volatilidade

A volatilidade (do latim volare – voar) é um número estático usado para Medir a intensidade de flutuação do preço de um subjacente em um dado período de tempo (risco agregado). Observe que a volatilidade indica somente a duração das flutuações – não a direção. Com uma volatilidade histórica de 10 e um valor médio de 100, o subjacente flutua entre 90 e 110.

A volatilidade é calculada com base no(s) desvio(s) padrão, que é a raiz quadrada do desvio médio de um subjacente. O desvio padrão expressa quanto o individuo retorna de um período e que flutua no valor médio. O desvio padrão extraído s2 também é considerado uma variação. O desvio padrão é mais adequado, mesmo se a variação for mais fácil de determinar.

Fórmula: $\sigma = \sqrt{\dfrac{1}{n} \times \sum_{i=1}^{n} (r_i - \mu)^2}$

Podemos supor seguramente que dois terços de todos os preços de mercado de futuro estarão Neste intervalo de volatilidade, que permite estimar a intensidade da Flutuação e o risco associado a ele. Na maioria dos casos, uma estimativa saudável do risco é imensamente importante.

A volatilidade pode ser visualizada usando a curva Gaussiana.

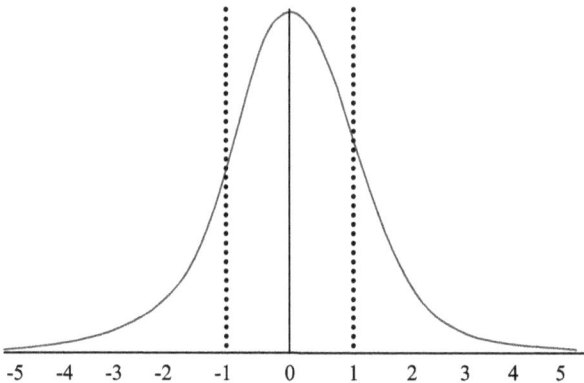

Figura 4.2: Curva Gaussiana

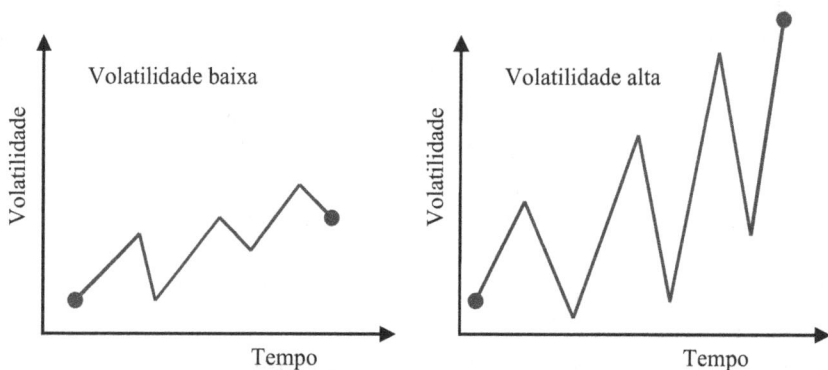

Figura 4.3: Volatilidade alta e baixa

O valor do tempo de uma opção está altamente sujeito a volatilidade. Com base no princípio, quanto maior a volatilidade, mais alto o valor de tempo da opção. Os preços da opção aumentam conforme a volatilidade sobe e caem conforme esta reduz.

Outro termo usado frequentemente é volatilidade implícita.Vamos ver mais detalhadamente neste Capítulo. Agora, vamos explicar rapidamente o termo. A volatilidade implícita é resultante dos preços de Mercado atual das opções. Ela reflete a volatilidade esperada pelos participantes da negociação com relação ao desenvolvimento do futuro dos ativos subjacentes. A volatilidade implicada pode ser um pouco diferente da volatilidade histórica, com base nas estatísticas. Outro termo usado para isso é "volatilidade negociada". Esta volatilidade, que é "percebida" e assim paga (ou pedida) pelos participantes da negociação, é um componente importante do preço de opção e, em geral, dos prêmios pagos.

A volatilidade implicada pode ser derivada da fórmula Black-Scholes por Iteração.

Taxa de juros de mercado

Um aumento na taxa de juros de Mercado leva a um aumento de preço para as opções de call e a uma redução para as opções de put. Esta função compensa a vantagem ou desvantagem dos juros de mercado de tipos diferentes de opções. Uma desvantagem potencial do investimento em opções, se comparados com um investimento direto ou ordem no ativo subjacente, é compensado.

Pagamentos de dividendos

Esses pagamentos afetam o preço do ativo subjacente tanto direta quanto indiretamente. A influência direta funciona para reduzir o preço de calls e aumentar o preço de puts, pelo menos, no caso das opções em estilo americano. Com as opções de estilo europeu, os dividendos esperados já estão considerados no prêmio. Neste contexto, é importante mencionar que as opções de índice subjacente podem ser diferentes. De um lado, temos os índices de desempenho, onde os dividendos pagos são supostos para serem investidos novamente no índice e, do outro lado, estão os índices de preço, onde os pagamentos de dividendos são contados como perdas, que fazem o índice cair. Esta diferenciação é importante porque afeta diretamente o preço da opção.

Vencimento remanescente

Como mencionado anteriormente, um termo remanescente da opção é outro condutor importante de valor. O efeito de redução de preço aumenta conforme o tempo se aproxima da data de vencimento da opção. O valor de tempo da opção

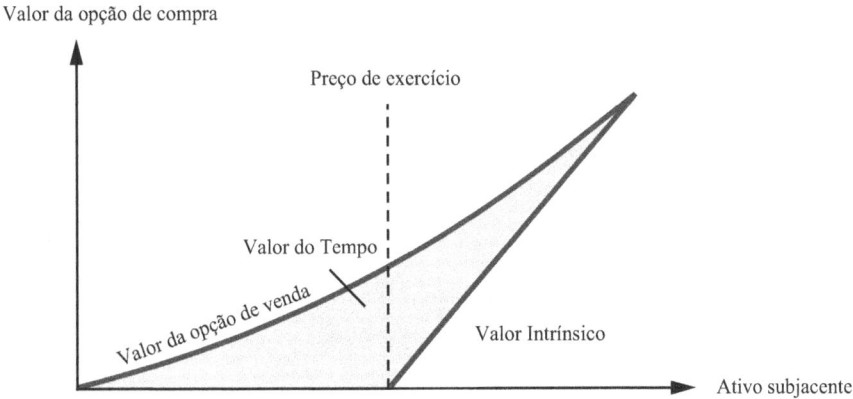

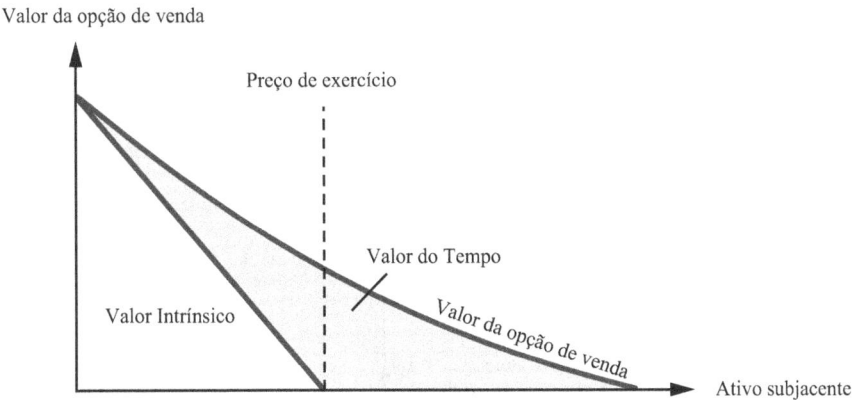

Figura 4.4: Visualização do valor de tempo de uma opção (call e put)

reduz exponencialmente conforme a probabilidade de terminar "in the Money" reduz. Como conseqüência, a influência do valor de tempo da opção aumenta com a redução do termo remanescente.

Tabela 4-2: visão geral dos parâmetros que compõem o preço de Opção.

Parâmetro		Preço de opção de Compra (Call Option)	Preço de opção de Venda (Put Option)
Ativo Subjacente	AUMENTA	AUMENTA	DIMINUI
	DIMINUI	DIMINUI	AUMENTA
Volatilidade	AUMENTA	AUMENTA	AUMENTA
	DIMINUI	DIMINUI	DIMINUI
Remanescente vencimento	DIMINUI	DIMINUI	DIMINUI
Juros de mercado Taxa	AUMENTA	AUMENTA	DIMINUI
	DIMINUI	DIMINUI	AUMENTA
Pagamento de Dividendo Estilo Americano Estilo Europeu		AUMENTA DIMINUI	AUMENTA SEM ALTERAÇÃO

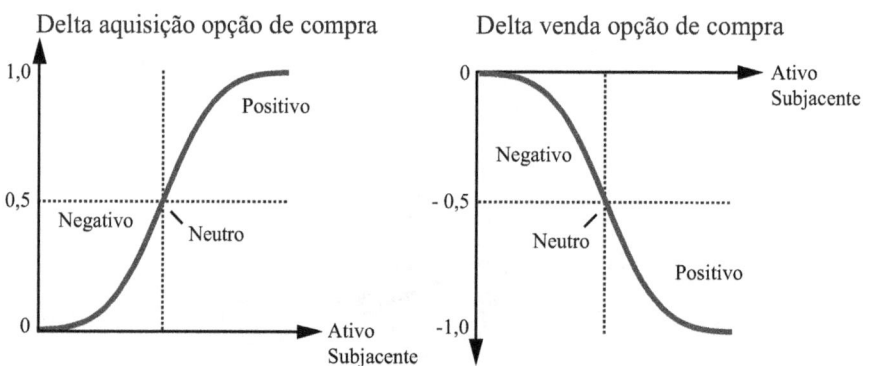

Figura 4.5: Função delta

Delta aquisição opção de venda

Delta venda opção de venda

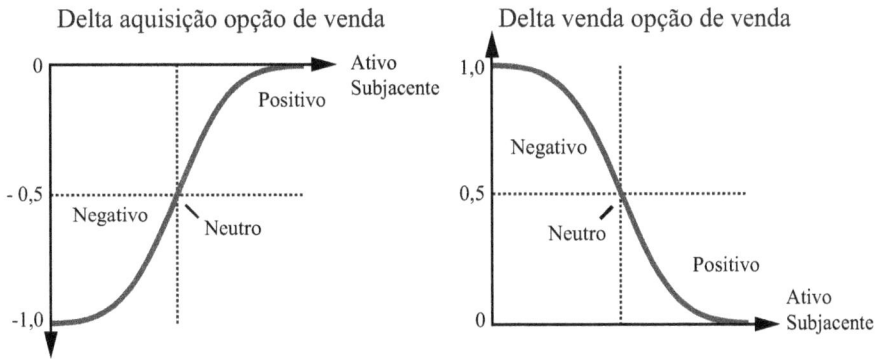

Figura 4.5: Função delta

Os sinais de álgebra das diferentes posições Delta são os seguintes:

Tabela 4-3: Sinais de álgebra para Delta de call e put

	Aquisição	Venda
Opção de compra (call)	+	–
Opção de venda (put)	–	+

Tabela 4-4: Valores de Delta

Delta de um...	out of the money	at the money	in the money
Aquisição opção de compra/Venda opção de venda	Aprox. De 0 a 0.5	Aprox. 0.5	Aprox. 0.5 A 1
Aquisição opção de venda / Venda opção de compra	Aprox. De 0 a –0.5	Aprox. –0.5	Aprox. De –0.5 a –1

Gama

Sempre que o Delta indicar a mudança no preço de opção, o gama Expressa quanto que o Delta de uma opção vai mudar, se o preço do Subjacente mudar em uma unidade. Poderíamos dizer que o gama é o "Delta do Delta". É o segundo derivado (matemático) do preço de opção e o primeiro do Delta. O gama mede o aumento do Delta.

Rho

Este símbolo grego indica quanto o valor de uma opção vai mudar se a taxa de juros mudar em um ponto percentual.

> **Rho é sempre positivo para a aquisição de uma opção de compra e uma venda de uma opção de venda**
>
> **Rho é sempre negativo para a aquisição de uma opção de venda e uma venda de uma opção de compra**

Theta

O Theta de uma opção expressa quanto valor de tempo uma opção perde todos os dias, se o preço e outras condições do subjacente continuam inalterados. A sensibilidade é mais forte nas opções "at the money" com um prazo curto.

Se o Theta de uma opção for 0.25, isso significa que, em teoria, a opção perde EUR 0,25 em valor "overnight".

Veja

O Vega de uma opção expressa quanto uma mudança em volatilidade em um por cento vai influenciar o preço da opção.

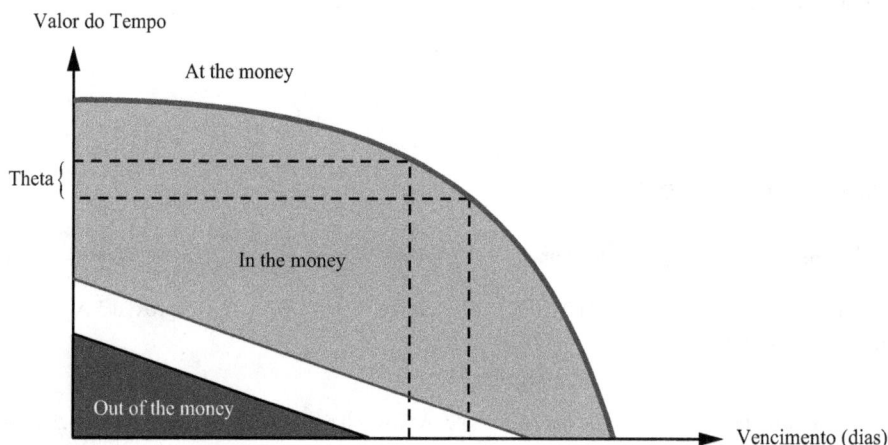

Figura 4.6: Função theta

Exemplo:

> Se o Veja de uma opção for 1.7 e a volatilidade for 25%, isso significa que – ceteris paribus – um aumento ou redução na volatilidade em 1% (a 26% ou 24%, respectivamente) vai aumentar ou diminuir o valor da opção em 1,7 vezes. Consequentemente, Veja diminui com o vencimento remanescente da opção.

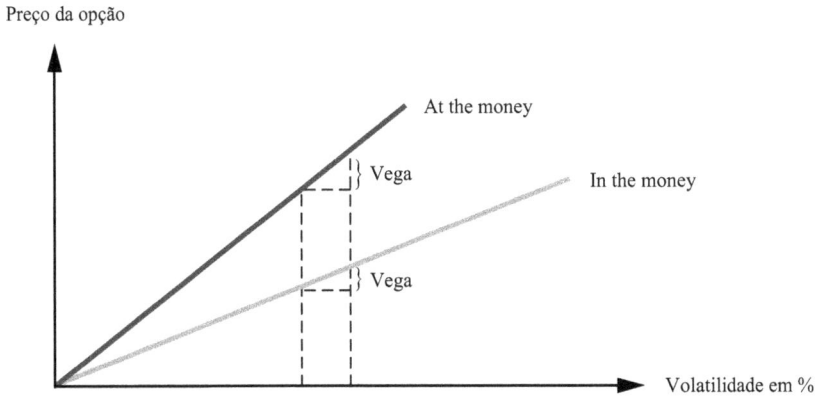

Figura 4.7: Visualização da função Vega

Tabela 4-5: visão geral dos sinais de álgebra em grego

	Delta	Gamma	Vega	Theta	Rho
Aquisição opção de compra	positivo	Positivo	positive	negativo	negativo
Venda opção de compra	negativo	negativo	negativo	positivo	negativo
Aquisição opção de venda	negativo	positivo	positivo	negativo	negativo
Venda opção de venda	positivo	negativo	negativo	positivo	positivo

Nesta seção, elaboramos questões de natureza fundamentalmente prática.

Vamos passar para os modelos de preço de opção clássica. Na visão da natureza complexa, decidimos discuti-los em termos relativamente simples, focando em dois modelos: A fórmula de distribuição de log normal desenvolvida por Black e Scholes e o modelo de binômio, desenvolvido por Cox, Ross e Rubinstein.

4.3 O que é paridade de compra e venda?

O preço de uma opção de venda pode ser calculado a partir do preço de uma opção compra. Para calcular, utilizamos a seguinte fórmula, que também é chamada de equação de paridade compra-venda:

$$C = (S - E) + \left(E \times \left(\frac{r}{1+r} \right) \right) + V$$

Onde:
C = preço de compra
S − E = valor intrínseco
(E × (r/1+ r)) = custo de oportunidade do emissor
V = prêmio do seguro
E = preço de exercício

Supomos que o valor de V (prêmio de seguro) seja igual ao preço de uma opção de venda. Isso é lógico, já que o preço de uma opção de venda pode ser considerado um tipo de seguro. O preço de uma opção venda pode ser calculado a partir da fórmula acima, por isso que chamamos de paridade compra-venda. Se pudermos determinar o preço de uma opção de opção de compra, a equação de paridade permite determinar também o preço de uma opção de venda.

Pela conversão, temos:

$$C = S - E \times \frac{1}{(1+r)^t} + P$$

Onde:
T = vencimento remanescente anualizado
P = preço da opção de venda

Assim, podemos definir o preço de uma posição, também é possível determinar um preço matematicamente justo para uma opção não padrão (OTC).

4.4 Como os preços de opções são determinados no modelo Black-Scholes?

Em 1973, Fischer Black e Myron Scholes publicou um modelo relativamente simples para a determinação teórica dos preços de opção. Devemos mencionar que Robert C. Merton estava envolvido também, mas preferiu ter suas descobertas publicadas separadamente. Em 1997, Merton e Scholes receberam o Prêmio Nobel em Economia por este modelo (Fischer Black morreu em 1995). Ganhou grande popularidade graças à simplicidade, embora seja baseado em suposições muito restritas.

Suposições para o modelo Black-Scholes:
- A opção é do tipo europeu.
- Não há pagamentos de dividendos do ativo subjacente por toda o vencimento da opção.
- Não há custo de transação.
- As taxas de juros para investimentos sem risco são conhecidas e constantes e idênticas para débito e crédito.
- Os mercados de capital são eficientes, significando que os preços das ações se desenvolvem aleatoriamente e não há arbitragem.
- Os retornos de ação são distribuídos normalmente.

Com base nessas suposições, Black e Scholes desenvolveram esta fórmula:

$$c = S_0 N(d_1) - K e^{-rT} N(d_2)$$

$$p = K e^{-rT} N(-d_2) - S_0 N(-d_1)$$

$$d_1 = \frac{\ln(S_0 / K) + (r + \sigma^2 / 2)T}{\sigma \sqrt{T}}$$

$$d_2 = d_1 - \sigma \sqrt{T}$$

Onde:

S_0 = preço da ação referente ativo subjacente

K = preço de exercício da opção de compra

ln = logaritmo natural

e = base de logaritmo natural = 2.7128 r = taxa de juros sem risco

$N(d)$ = distribuição

normal cumulativa de dv = volatilidade

T = vencimento remanescente da opção de compra

Na primeira parte da equação, vemos o número de ações necessárias pra formar um portfólio sem riscos de ações e opções de call. Assim, derivamos o Delta neste ponto.

　　Supondo agora que a arbitragem será excluída, e se aplicarmos o Itô Lemma, então podemos derivar a equação de Black-Scholes com base no mesmo

$$\frac{\partial V}{\partial t} + \mathrm{rS}\frac{\partial V}{\partial S} + \frac{1}{2}\sigma^2 S^2 \frac{\partial^2 V}{\partial S^2} = rV$$

Onde:

V é o valor da opção.

Os problemas deste modelo são:

1. Black e Scholes supõem constante volatilidade, que nos preços de mercado Vão revelar rapidamente que não é realista. A mudança dos valores não Segue uma distribuição Gaussiana normal, mas como mostrou Benoît Mandelbrot, é distribuído exponencialmente e de modo interdependente. Assim, Deflexões podem ser muito maiores que os supostos no modelo padrão.

2. A equação é válida somente para as opções em estilo europeu.

4.5 Como os preços de opções são determinados no modelo de binômio?

O modelo de binômio é outro método para determinar um preço de opção justo. É usado para avaliar a opção quando o preço do ativo subjacente muda. O modelo Cox-Ross-Rubinstein é uma extensão lógica do modelo Black-Scholes e um dos modelos de preço de opção usados mais frequentemente. No princípio, o modelo de binômio distingue entre as arvores recombinantes e não recombinantes, dos quais as não recombinantes são imensamente importantes para as opções sem atalho.

Pré-requisitos básicos: Supomos que os mercados perfeitos em que não há Custos de transação, taxas ou condições para inclusão. Os rendimentos de vendas naked estão imediatamente disponíveis e os instrumentos podem ser divididos arbitrariamente. Há somente uma taxa de juros para dinheiro emprestado. Para qualquer intervalo considerado, sabemos que o preço muda e qual é a taxa de juros sem risco. Posteriormente se supõe que estamos tratando somente com estratégias de crescimento e os lucros de arbitragem não são possíveis.

A suposição inicial sob o modelo de binômio é que o preço de um ativo subjacente pode subir (u) ou descer (d) por x unidades.

Isso permite a seguinte derivação:

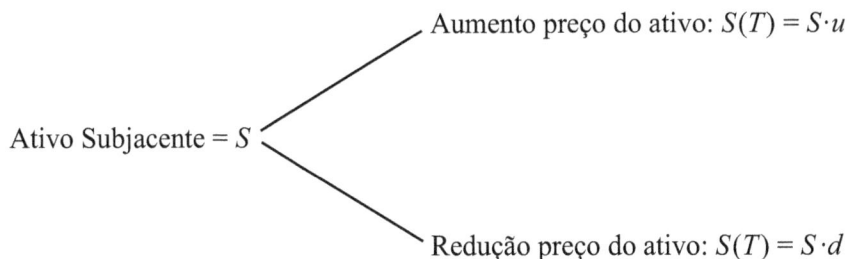

Aumento preço do ativo: $S(T) = S \cdot u$

Ativo Subjacente $= S$

Redução preço do ativo: $S(T) = S \cdot d$

Onde:
S = preço da ação subjacente
u = taxa de aumento
d = taxa de redução

Derivamos os valores para Cu e Cd. A avaliação se baseia na suposição de um mercado sem arbitragem. Na etapa seguinte, formaremos portifólios sem risco das posições adquiridas de delta no ativo subjacente e nas posições vendidas nas opções de compra.

Preço da opção: C
Portifólio sem risco $S \cdot \Delta - C$

Preço do Ativo aumenta: $S(T) = S \cdot u$
Option price: C_u
riskless Portfolio: $S \cdot u \cdot \Delta - C_u$

Preço do ativo diminui: $S(T) = S \cdot d$
Option price: C_d
riskless Portfolio: $S \cdot d \cdot \Delta - C_d$

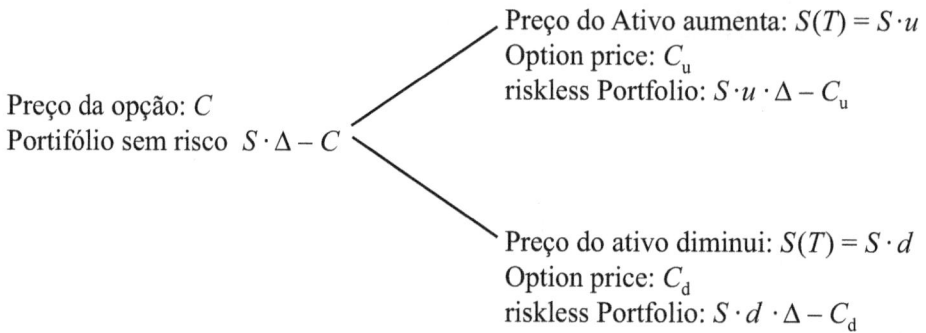

O peso do portifólio é determinado da seguinte maneira:

$$S \cdot u \cdot \Delta - C_u = S \cdot d \cdot \Delta - C_d \Leftrightarrow$$

$$\Delta = \frac{C_u - C_d}{S \cdot u - S \cdot d}$$

O valor do portifólio sem risco, descontado, é igual ao valor do mesmo quando t=0.

$$(S \cdot u \cdot \Delta - C_u)e^{-rT} \quad com \quad \Delta = \frac{C_u}{S \cdot u} \frac{C_d}{- S \cdot d} \rightarrow$$

$$S \cdot \Delta - C = (S \cdot u \cdot \Delta - C_u)e^{-rT} \rightarrow$$

Call a 0 =

$$C = S \cdot \Delta - (S \cdot u \cdot \Delta - C_u)e^{-rT} = S \cdot \frac{C_u - C_d}{S \cdot u - S \cdot d} - (S \cdot u \cdot \frac{C_u - C_d}{S \cdot u - S \cdot d} - C_u)e^{-rT}$$

Reorganizando essas equações, temos:

$$C = S \cdot \frac{C_u - C_d}{S \cdot u - S \cdot d} - (S \cdot u \cdot \frac{C_u - C_d}{S \cdot u - S \cdot d} - C_u)e^{-rT} =$$

$$= \frac{pCu - (1 - p)C_d}{e^{rT}} \quad com \quad p = \frac{e^{rT} - d}{u - d}$$

O preço da opção é considerado o valor esperado descontado e determinado com esta fórmula:

$$C = \frac{pC_u - (1-p)C_d}{e^{rT}} = \frac{E^P[C(T)]}{e^{rT}} \quad com \quad p = \frac{e^{rT} - d}{u - d}$$

Percebemos que para avaliar as opções, precisamos determinar os fluxos de caixa descontados, onde p na equação acima é interpretado como sendo a probabilidade neutra de risco.

Isso revela que o cálculo utiliza somente uma probabilidade implicada, em vez de uma real, conforme expresso pelos parâmetros d e u em nossa consideração inicial.

Assim, o valor esperado de uma ação para o tempo T pode ser determinado da seguinte maneira:

$$E[S_T] = p \cdot S \cdot u + (1-p) \cdot S \cdot d \quad com \quad p = \frac{e^{rT}-d}{u-d} \leftrightarrow$$

$$E[S_T] = p \cdot S \cdot (u-d) + S \cdot d = \frac{e^{rT}-d}{u-d} S \cdot (u-d) + S \cdot d$$

$$= e^{rT} \cdot S - d \cdot S + S \cdot d = Se^{rT}$$

A probabilidade sem risco (p) é igual à taxa de juros sem risco (p).

Este modelo pode ser agora transferido para um de dois períodos ou múltiplos períodos, conforme necessário. Isso permite simular e determinar a mudança teórica nos preços de opção, quando determinadas intenções básicas surgem.

4.6 O que significam os "Greeks" ou "Gregos"?

Vamos voltar novamente para a prática.

As citações postadas nos câmbios de derivativos e com base em que os respectivos instrumentos podem ser negociados geralmente são postadas pelos Market Makers.

Porém, como também há contratos negociados de forma clara (e assim administrados não muito ativamente), às vezes, é necessário aplicar ordens de limite, em particular, em casos em que não há quotas disponíveis. Somente para a série de opção líquido, é recomendável postar uma ordem de mercado. Nos tight market (com nenhuma série muito líquida) ou se a série de contrato não está ativamente administrada, é absolutamente obrigatório definir um limite. Além disso, os investidores têm o direito de pedir uma quota. Isso deve sempre ser feito se nenhuma quota for postada.

Recomendamos muito cuidado contra incursão não protegida. Principalmente no caso de um roll-over, que pode resultar em alteração drástica de prêmio e perdas indesejadas.

Resumo:
Os preços de opção geralmente consistem em dois componentes: O valor intrínseco e o valor do tempo. O valor intrínseco de uma opção corresponde à quantidade pela qual o exercício da opção seria melhor que a comercialização do ativo subjacente na cotação atual. Se uma opção não tem um valor intrínseco, ela consiste somente do valor de tempo. Assim, as opções podem ser "at-the-money – neutras", "in-the-money – Positivas" ou "out-of-the-money – Negativas".
O valor do tempo de uma opção é a quantidade paga pela possibilidade de que uma opção
terminar "in-the-money – positiva", ou seja, com realização de lucro. Como esta chance diminui exponencialmente até o final do vencimento da opção assim também ocorre com o valor do tempo. Os dois modelos de preço de opção mais usados são o Black-Scholes e o de binômio, por Cox, Ross e Rubinstein.

5 Estratégias envolvendo opções

Este capítulo trata das seguintes questões:
1. Quais são as quatro estratégias de negociação de opções básicas?
   – Qual é a estratégia por trás da posição básica 1 – call long?
   – Qual é a estratégia por trás da posição básica 2 – call short?
   – Qual é a estratégia por trás da posição básica 3 – put long?
   – Qual é a estratégia por trás da posição básica 4 – put short?
2. Como efetuar hedges por meio de opções
3. Quais combinações de opção são comuns?
4. Como criar uma estratégia de negociação de opções?
5. Qual a importância da opnião do mercado?

5.1 Sobre o que são as quatro estratégias de negociação de opção básica?

Nas negociações de opções, existem quatro estratégias básicas que oferecem Fundamento para todas as demais estratégias e assim precisam ser bem compreendidas pelos investidores:

- **Call long/aquisição de opções de compra**: um investidor que tem uma posição de call longo está convencido de que o preço do ativo subjacente. Ele adquire o direito de comprar aquele ativo (em virtude de ter a opção de compra). Se sua expectativa se realizar, a opção de call vai aumentar em valor. Claro que o investidor poderia também decidir comprar o instrumento financeiro subjacente, mas para isso, teria que aumentar consideravelmente os fundos. Em outras palavras, ao usar uma opção de call, o investidor pode alavancar o capital investido. O custo/possibilidade de prejuízo é limitado ao prêmio pago, enquanto tem uma oportunidade de se beneficiar a partir da valorização ilimitada do ativo. Como ele não é obrigado a fornecer pagamentos subseqüentes, somente há o risco original inerente no pagamento do prêmio.
- **Call short/Venda de opções de compra**: um investidor que vende uma opção de call/compra conta com uma leve queda no preço do ativo ao qual a opção esta ligada, ou ainda com preços constantes do mesmo e tenta gerar lucro adicional a partir dessa redução. Ele vende as opções de compra e pode gerar um lucro máximo, que se limita ao valor do prêmio recebido. O risco envolvido é que ele

pode ser obrigado a entregar o ativo subjacente ao preço de exercício. Porém este risco pode ser minimizado se o vendedor da opção de compra tiver o ativo em sua carteira no momento da transação. A posição é considerada como uma "opção coberta", já que a obrigação de entrega pode ser atendida no próprio "inventário" e as perdas em excesso estão excluídas. Porém, o investidor ainda arrisca uma perda. Isto ocorre se o preço do ativo subjacente aumentar além do preço de exercício mais o prêmio, nesta situação, o emissor da opção deixa de realizar o ganho de valorização do ativo, por ter comercializado o mesmo por meio da venda da opção de compra.

- **Put long/Aquisição de uma opção de venda:** um investidor na posição de aquisição de uma opção de venda conta com uma queda de preço para o ativo subjacente. Ao comprar a opção, ele tenta fazer a cobertura contra a queda de preço do ativo (que possui em carteira), ou ainda contra especulações de queda. Novamente, o risco de uma perda é limitado ao prêmio de opção pago. Os lucros são ilimitados somente na teoria, já que alguns investimentos podem cair a zero, no máximo, o que acaba representando um limite.

- **Put short/Venda de opção de venda:** todo investidor emitindo uma opção de put/venda de uma opção de venda conta com aumento constante ou suave nos preços do ativo em referência. Ele tenta se beneficiar a partir aumento de preço e ativamente toma o risco envolvido. Em troca, ele recebe o prêmio da opção, que também representa o ganho máximo. Em contraste, a perda é ilimitada, na teoria, já que o emissor porde ser forçado a entregar o ativo, tendo que adquiri-lo a preços elevados.

Nas seções seguintes, serão descritas essas quatro estratégias mais detalhadamente.

Premissas: devemos assumir que o ativo subjacente é a ação de uma empresa. Afim de facilitar a compreensão inicial do tema, todas as taxas de negociações/tarifas de corretoras ou bancos, não foram consideradas nos exemplos.

5.1.1   Qual é a estratégia por trás da posição básica 1 – call longo/Aquisição de uma opção de compra?

Um investidor que adquire uma opção de compra, adquire o direto, mas não a obrigação, de comprar a ação subjacente no curso, ou ao final, do vencimento de opção. Para esse direito, ele paga um preço a parte contratante (o emissor da opção). O emissor da opção de compra, tem o dever de entregar a ação a qual esta se refere, caso o comprador da opção deseje exercer a mesma.

Exemplo:
> Call long na ação de X.
> Preço de exercício EUR 50.
> Data de vencimento setembro.

Em nosso exemplo, o comprador de opção tem o direito de comprar a ação de X a EUR 50 Durante todo o período da opção (isto é, até a terceira sexta-feira em Setembro, no máximo). Ele adquiriu o direito de pagar um prêmio de EUR 3 para o vendedor imediatamente pela conclusão da transação. Se o preço da ação de X aumenta além do preço de exercício (que, no nosso exemplo, é EUR 50), o comprador da opção (longa) vai exercer o direito e a opção. O vendedor (curto) vai ter que entregar as ações a EUR 50 cada.

Ponto de equilíbrio desta estratégia
O ponto de equilíbrio é EUR 53: como o titular desta opção pagou inicialmente EUR 3 em troca do direito de comprar as ações a EUR 50 cada, esses EUR 3 devem ser considerados na equação.

Análise do cenário:
- Negociações de ações abaixo de EUR 50: O comprador da opção de call tem perda máxima na data de vencimento da opção. A opção vence.

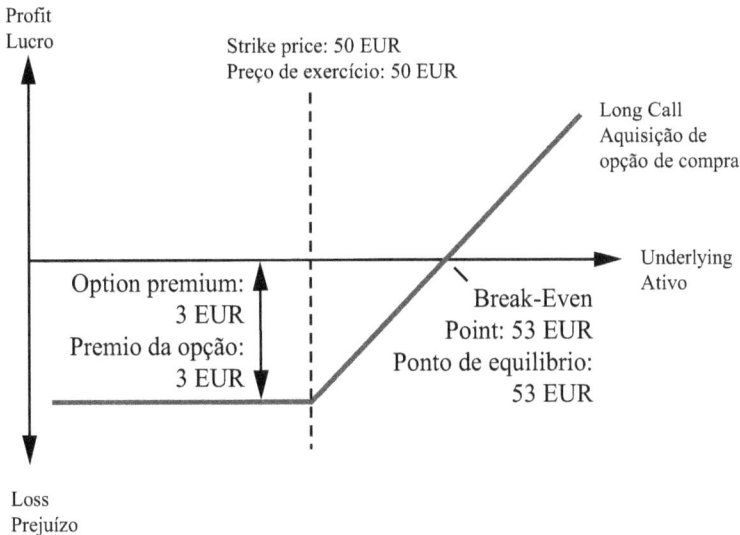

Figura 5.1: Cenário de lucro e prejuízo para uma posição de aquisição de opção de compra.

- Negociações de ação entre EUR 50 e EUR 53: o titular da opção de call tem uma perda limitada. O valor da opção na data de vencimento corresponde ao valor intrínseco, como "in the money".
- Negociações de ações acima de EUR 53: O titular da opção alcançou a zona de lucro. Na data de vencimento, a opção é válida, mais que quando a transação for concluída.

Como vimos, o ativo deve exceder o ponto de equilíbrio para que o comprador de uma opção de compra obtenha lucro ao exercer a mesma.

5.1.2 Qual é a estratégia por trás da posição básica 2 – call short/venda de uma opção de compra?

No nosso exemplo acima, o investidor adquiriu uma opção de compra. Agora supomos que vende essa opção, usando o mesmo exemplo outra vez:

> Call short em ação de X
> Preço de exercício EUR 50
> Data de vencimento setembro.

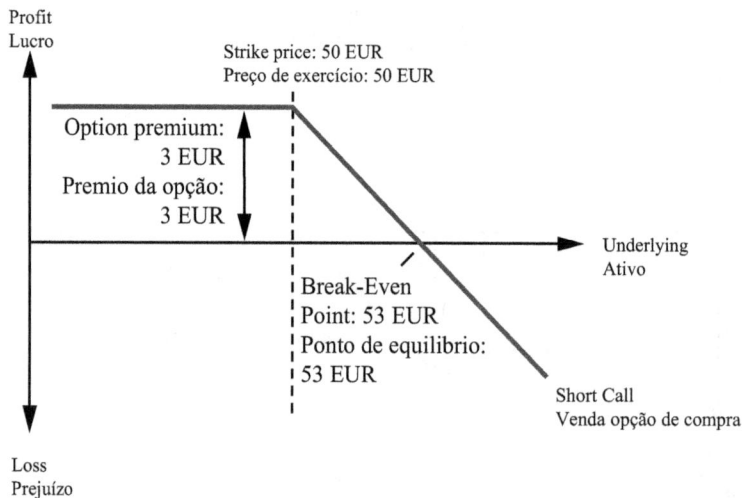

Figura 5.2: Cenário de lucro e perda prejuízo uma posição de short call/venda de uma opção de compra

Como vendedor da call na ação de X, nosso investidor recebeu um prêmio de EUR3. Isso o torna o emissor da opção, isto é, terá que entregar a ação mediante solicitação do comprador.

Neste ponto, devemos fazer a distinção entre duas configurações básicas diferentes. Em uma, o investidor tem uma posição de short call, ou seja vendeu opções de compra das ações que possui ("call coberta" e, na outra, tem a posição descoberta. A posição descoberta (Naked) ocorre quando o investidor vende a opção de compra de um ativo, porém não mantém o mesmo em seu portifolio. Esta posição é muito mais especulativa que a de call coberta, onde o emissor também é o titular do ativo subjacente. Vamos considerar nosso exemplo para o cenário de emissão de opção de compra descoberta:

Aqui, a situação de lucro e prejuízo é exatamente oposta à posição de compra (long).

Análise do cenário:
*   **Negociações de ações abaixo do preço de exercício de EUR 50:** O investidor de call curto tem o lucro máximo. Ele recebeu um prêmio completo e a opção vence.
*   **Negociações de ações entre de EUR 50 e EUR 53:** nosso investidor de call curto Tem um ganho menor. Como o investidor de longo exercita sua opção de call, o investidor curto deve entregar as ações subjacentes. Para isso, precisa adquirir no mercado primeiro. (Lembre que estamos falando sobre gravação de call naked). A diferença entre o prêmio de opção recebido e o gasto para comprar as ações, menos o preço de exercício, é o ganho.
*   **Negociações de ações acima do ponto de equilíbrio de EUR 53:** O investidor Tem uma perda. Ele é obrigado a entregar as ações no preço de exercício acertado. A perda é determinada da seguinte maneira: (preço de compra – preço de exercício) – prêmio de opção

Observação: o risco de uma perda com uma estratégia de venda de opção de compra (short call) é ilimitada em mercados abertos.

A variante de conservação de uma posição de venda de opção de compra é a emissão de call coberta (CCW). Aqui o investidor vende as opções de call, ou seja opções de compra nos ativos que mantém. Se as opções são exercidas, o investidor emitente pode entregar a partir do próprio portifólio. O CCW é uma estratégia que visa o aumento nos retornos, já que os ativos primariamente passivos geram retorno adicional pelo pagamento de prêmio. O risco é limitado ao lucro não alcançado. Se o ativo sobe acima do preço de exercício, o investidor de CCW deve entregar e nenhum beneficio mais longo pode aumentar. Caso a posição geral (instrumentos e derivativos) caia abaixo de EUR 47 (EUR 50 exercício – EUR 3 prêmio), o investidor tem uma perda geral, já que manter o instrumento de derivado e o ativo subjacente. Contrariamente, as quedas do preço potencial na posição de mercado são compensadas pelos rendimentos da transação de derivativos.

Exemplo de um investimento de CCW:
Nosso investidor tem as seguintes ações no portfólio.
10,000 ações da empresa X, preço de compra EUR 30, preço de mercado atual EUR 48
10,000 ações da empresa Y, preço de compra EUR 50, preço de mercado atual EUR 51
5,000 ações da empresa V, preço de compra EUR 35, preço de mercado atual USD 34
5,000 ações da empresa X, preço de compra CHF 28, preço de mercado atual CHF 75
Todos os ativos são passives e o investidor utilize somente para obter dividendos.

Estratégia: Durante o período em que nenhum dividendo é pago, nosso investidor emite um call coberta, assegurando que as opções são "out of the money". Com os prêmios recebidos, ele alcança um fluxo de caixa positivo. Se as opções são exercidas pela contraparte, o risco do investidor é limitado já que está em posse das ações subjacentes. Graças aos prêmios recebidos como um lucro extraordinário, o investidor tem cobertura contra reduções suaves no preço de mercado.

5.1.3 Qual é a estratégia por trás da posição básica 3 – long put/aquisição de uma opção de venda?

Um investidor long put adquiriu o direito, mas não a obrigação de vender os ativos subjacentes ao emitente da opção de venda (put curto) durante ou no final do vencimento da opção. Ele paga um prêmio ao emissor em troca para o emissor agir ativamente no risco envolvido. Em outras palavras, o investidor de long put adquire o direto mas não a obrigação de vender seu ativo.

Vamos explicar com base no exemplo acima:

Put longo em ação de X
preço de exercício EUR 50
Prêmio de opção EUR 3.
encimento: setembro.

Profit
Lucro

Strike price: 50 EUR
Preço de exercício: 50 EUR

Underlying
Ativo

Break-Even
Point: 47 EUR
Ponto de equilibrio:
47 EUR

Option premium:
3 EUR
Premio da opção:
3 EUR

Long Put
Aquisição opção de venda

Loss
Prejuízo

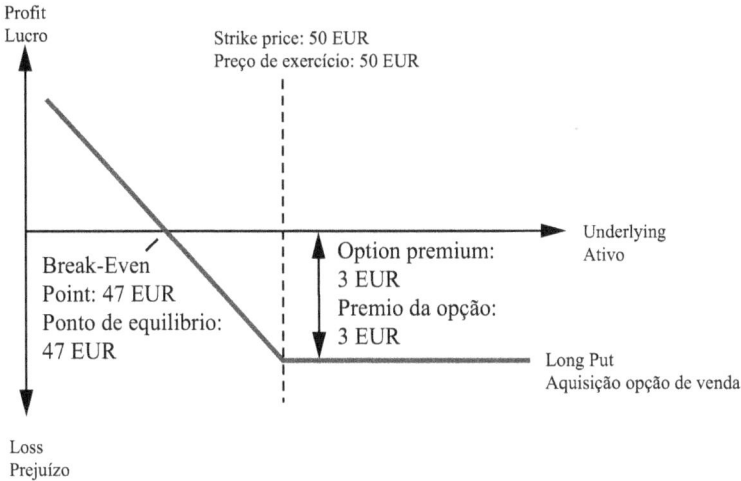

Figura 5.3: cenário de lucro e prejuízo para uma posição de long put/compra de opção de venda

O investidor de put longo tem o direito de vender a ação de X ao investidor de put curto Até setembro. Esse direito custa a ele EUR 3, que foi pago ao investidor de put curto quando o negócio foi fechado. O mesmo tempo, o preço de exercício por ação foi definido a EUR 50.

O ponto de equilíbrio de um long put é o Preço de Mercado além daquele em que a ação deve cair, para o comprador ter um lucro ao exercer essa opção.

Venda a:	EUR 50
Prêmio:	EUR 3 (já pago)
Ponto de equilíbrio:	EUR 47

Análise do cenário:
- Negociações de ações abaixo de EUR 47: O investidor de long put tem o lucro máximo.
- As negociações de ação entre EUR 50 e EUR 47: o investidor tem uma perda limitada, como no Último Dia de Negociação, a opção só é válida na parte "in-the-money".
- O preço elevado da ação, contrário as expectativas do investidor: o investidor tem a perda máxima. Embora limitado ao prêmio de opção pago, deve ser considerado uma perda completa.

Esta estratégia é adequada para cobertura e especulação em uma queda nos preços de mercado. Se os puts longos forem utilizados para cobertura, o prêmio da opção pago corresponde a um prêmio de seguro pago para o vencimento da opção.

5.1.4 Qual é a estratégia por trás da posição básica 4 – put curto?

A contraposição para a qual acabamos de descrever é a de vender uma opção de venda. Um investidor que emite uma opção de venda, concordou em comprar o ativo subjacente em determinada data (ou em certo período) e a determinado preço, pelo qual recebe o prêmio de opção. Este também é o lucro máximo. Sua perda potencial, porém, é o preço de toda a compra (em exercício), já que é obrigado a comprar as ações (com uma queda de preço máximo possível a zero).

Em nosso exemplo, o investidor que emitiu (ou seja vendeu) uma opção de venda terá que comprar as ações por EUR 50 cada quando a opção for exercida. Como já recebeu EUR 3, o preço real é EUR 47. Se o preço da ação cair abaixo de EUR 47, o investidor terá uma perda.

Análise do cenário:
* **Negociações de ações abaixo de EUR 47:** o investidor emissor da opção de venda (short put) tem uma perda.

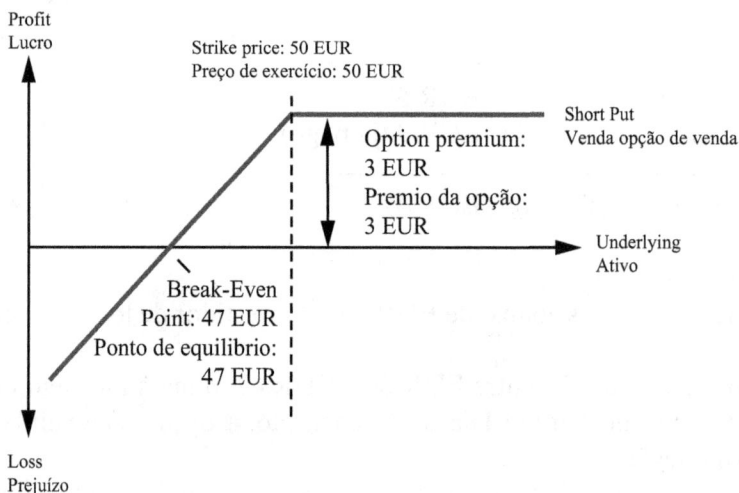

Figura 5.4: Cenário de lucro e prejuízo para uma posição de put curto

- **Negociações de ação entre EUR 47 e EUR 50:** a posição de short put tem um lucro limitado.
- **Negociações de ações acima de EUR 50:** o investidor mantém o prêmio de opção recebido, que significa o lucro máximo.

Esta estratégia é muito arriscada, se os preços caírem. O investidor tem perdas potencialmente altas, enquanto os possíveis ganhos são limitados aos prêmios de opção.

Tabela 5-1: visão geral das quatro posições básicas

	Suposição Básica	Negócio Específico
Long Call/ Aquisição opção de compra	Preço do ativo em referência irá aumentar	Efetua pagamento de prêmio pela aquisição da opção, e pode adquirir o ativo em referência exercendo a mesma
Short Call/Venda de opção de compra	Preço do ativo em referência irá continuar constante ou cair suavemente	Recebe o prêmio pela venda da opção e deverá entregar o ativo caso a mesma seja exercida
Long Put/Aquisição de opção de venda	Preço do ativo em referência irá decair	Efetua pagamento de prêmio pela aquisição da opção, e pode vender o ativo em referência exercendo a mesma
Short put/Venda de opção de venda	Preço do ativo em referência irá continuar constante ou aumentar suavemente	Recebe o prêmio pela venda da opção e deverá adquirir o ativo caso a mesma seja exercida

Tabela 5-2: visão geral de 4 posições básicas e suas suposições

Posição	Preço de mercado do ativo	Volatilidade	Efeito: valor do tempo
Long Call/Aquisição opção de compra			–
Short Call/Venda de opção de compra			+
Long Put/Aquisição de opção de venda			–
Short put/Venda de opção de venda			+

5.2 Utilizando Opções com finalidade de Hedge

Uma das noções mais fundamentais na negociação de opções é a cobertura (ou seja, o hedge) de posições de presente ou futuro. A abordagem mais simples de cobertura é emitir opções, recebendo o prêmio pelas mesmas. Isso significa que o investidor vende a parte de sua posição que deseja cobrir. Isso é fácil, mas geralmente não é muito eficiente. Faz mais sentido cobrir um portfólio com instrumentos de derivativos. Para cobrir com opções, sempre é necessário uma proporção de cobertura, que indica quantas opções serão necessárias para cobrir a posição em questão. Ao calcular a razão de cobertura, faz sentido usar o Delta da opção, já que expressa qual valor de opção vai mudar pela flutuação no preço do ativo em referência.

Cálculo da razão de cobertura:

$$\# \ Contratos = \frac{Quantidade \ de \ ações}{Tamanho \ do \ contrato} \times \frac{1}{Delta \ da \ opção}$$

Exemplo:

Nosso investidor tem 10,000 ações da empresa V em seu portfólio. Ele quer fazer a cobertura a EUR 40. Para isso, ele escolhe uma opção put/ opção de venda com um preço de exercício de EUR40 e um Delta de –0.50. Número de contratos = 10,000/(–0.50)

Número de contratos = –200

O investidor precisa de 200 contratos (o sinal não importa) para cobrir a posição. No caso de que o preço da ação de V caia, a posição de cobertura vai compensar a perda. Porém, nosso investidor terá que manter o ajuste da cobertura sempre que o Delta das opções mudar. por exemplo, com um Delta de –0.60, ele só vai ter que manter 167 contratos. Esta estratégia é muito cara, já que requer ajuste constante para as mudanças no Delta.

Como alternativa, nosso investidor poderia empregar uma estratégia de put de proteção,

Comprando as opções de venda no mesmo valor que o estoque do ativo em referência no portfólio. Na verdade, poderia realizar uma cobertura 1:1 que, porém, amarraria fundos consideráveis.

Outra abordagem de proteção é o hedge por meio de ß. Nesta estratégia, o ß do portfólio é usado. É uma estratégia de proteção com base em uma opção do índice. Este tipo de cobertura é muito comum, já que o fator ß pode ser determinado em qualquer portfólio.

Proporção hedge utilizando ß: o número de contratos é determinado usando a fórmula abaixo:

$$\# \ \textit{Número de contratos} = \frac{\textit{Equivalente no portfolio}}{\left(\textit{Nível no índice} \times \textit{Tamanho do contrato}\right)} \times \beta - \textit{portfolio}$$

5.3 Quais combinações de opção são comuns?

No início deste capítulo, explicamos que todas as combinações de opção são basea-das em quarto posições básicas. Nesta seção, vamos explicar brevemente as combi-nações mais comuns (ou conjuntos/combos, como são chamados por investidores).

Straddle
Um straddle é a compra ou venda simultânea de um número idêntico de calls e puts para o mesmo ativo de referência, com a mesma data de vencimento e mesmo preço de exercício. O importante, como é possível ver, é o grau de volatili-dade em vez da direção em que os preços flutuam.

Straddle longo
Um investidor montando uma posição de straddle longo supõe uma troca de preço importante no mercado para o ativo em referência e um aumento na vo-

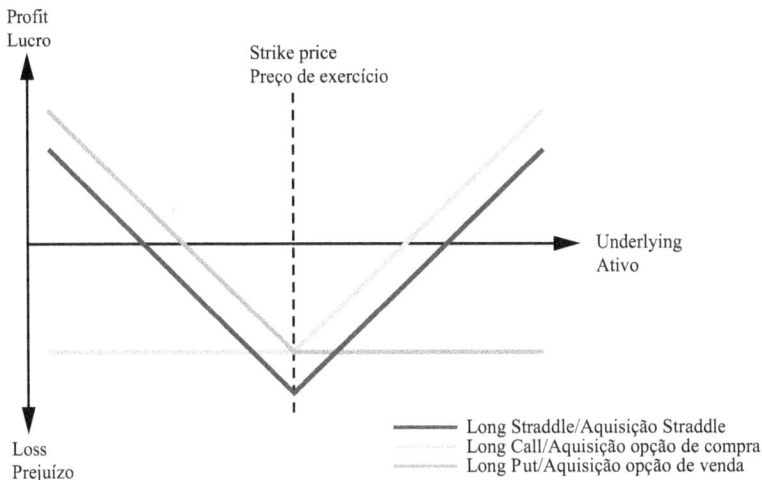

Figura 5.5: Cenário de lucro e prejuízo para aquisição de um straddle

latilidade. Não importa em qual direção o preço de mercado vai se movimentar, já que o investidor se posicionou dos dois lados. Essa estratégia combina o potencial de lucro ilimitado com uma perda potencial limitada ao prêmio de opção pago.

Construção de um straddle: a compra simultânea de uma opção de compra e com vencimento idêntica e preços de exercício resulta em um straddle long.

Exemplo uma opção de venda:

> Aquisição de opção de compra da ação X, strike EUR 50, vencimento em setembro, prêmio de opção EUR 2.
> Aquisição opção de venda ação X, strike EUR 50, vencimento em setembro, prêmio de opção EUR 1.80.

O gasto do prêmio total nesta estratégia é de EUR 3.80; o ponto de equilibro é EUR 53.80 ou 46.20. como podemos ver neste exemplo, o prêmio deve ser considerado em sua totalidade ao calcular os ganhos e as perdas. Desde que o preço do ativo subjacente esteja entre os pontos de equilibro, o investidor está na zona de perda total ou limitada. Ele alcança a zona de lucro ilimitado quando o preço do ativo subjacente excede ou cai abaixo de um dos dois pontos de equilíbrio. O investidor lucra a partir da volatilidade crescente, pois resulta no aumento do preço para opções longas. Assim, esta estratégia também é conhecida como estratégia de volatilidade positiva.

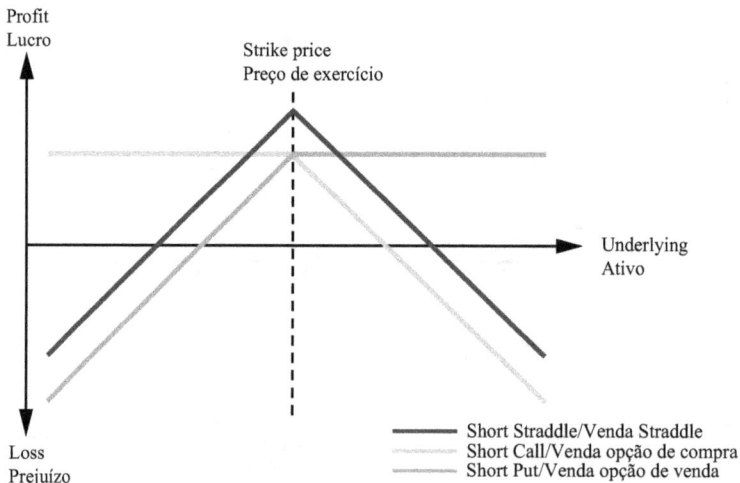

Figura 5.6: Cenário de lucro e prejuízo para venda de um straddle

Short Straddle/Venda de Straddle

A estratégia para venda de um straddle é exatamente oposta a estratégia de compra. O investidor supõe o preço do ativo em referência irá continuar próximo ao preço de exercício.

Exemplo:

> Venda de opção de compra/Short call, ação X, strike EUR 50, vencimento em setembro, prêmio de opção EUR 2.
> Venda de opção de venda/short put, ação X, strike EUR 50, vencimento em setembro, prêmio de opção EUR 1.80.

O gasto do prêmio total nesta estratégia é de EUR 3.80; o ponto de equilibro é EUR 52 ou 48.20. O investidor percebe as perdas, caso o preço do ativo em referência flutua mais e os lucros têm menos volatilidade. A perda potencial desta estratégia é ilimitada. É considerada assim uma estratégia de risco, já que o risco é contrastado com os lucros limitados para os prêmios.

Strangle

Um strangle é a compra ou venda simultânea de um número idêntico de calls e puts para o mesmo ativo subjacente, com a mesma data de vencimento, mas preço de exercício diferente. Assim, esta estratégia difere do straddle somente porque as calls e os puts têm diferentes preços de exercício. (outra definição do Strangle

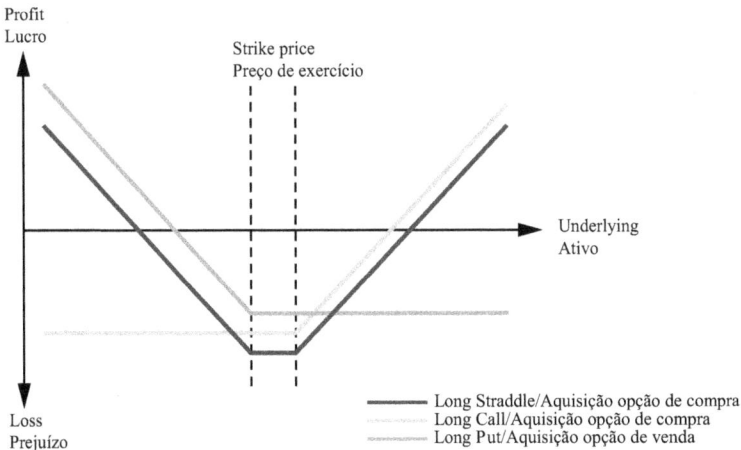

Figura 5.7: Cenário de lucro e prejuízo para aquisição de strangle

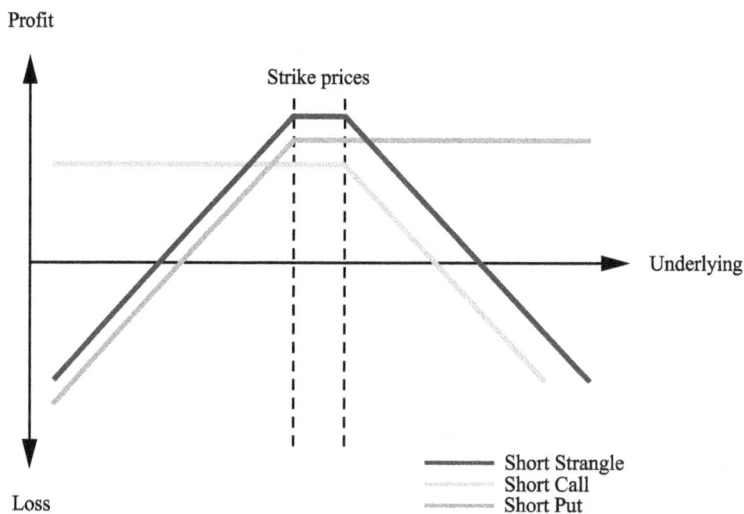

Figura 5.8: cenário de lucro e prejuízo para um strangle curto

pode ser a compra ou venda de calls e puts com o mesmo preço de exercício, mas com diferente vencimento).

Aquisição de Strangle/Long Strangle
No princípio, uma estratégia de aquisição de strangle segue as mesmas considerações básicas de um long straddle. A única diferença é que as flutuações do preço de mercado são consideradas maiores.

Exemplo:

Long Call/Aquisição opção de compra, ação X, strike EUR 40, vencimento em setembro, prêmio de opção EUR 1.
Long Call/Aquisição opção de compra, ação X, strike EUR 36, vencimento em setembro, prêmio de opção EUR 0.80.

Os pontos de equilíbrio desta estratégia estão em EUR 41.80 e 34.20. Entre os dois, há uma Marge relativamente ampla para perdas. Se o preço do ativo subjacente termina entre os dois pontos, o investidor terá uma perda. Porém, se passar um dos dois pontos, os lucros potenciais são ilimitados. Contudo, a perda é limitada ao prêmio pago ao fechar o negócio.

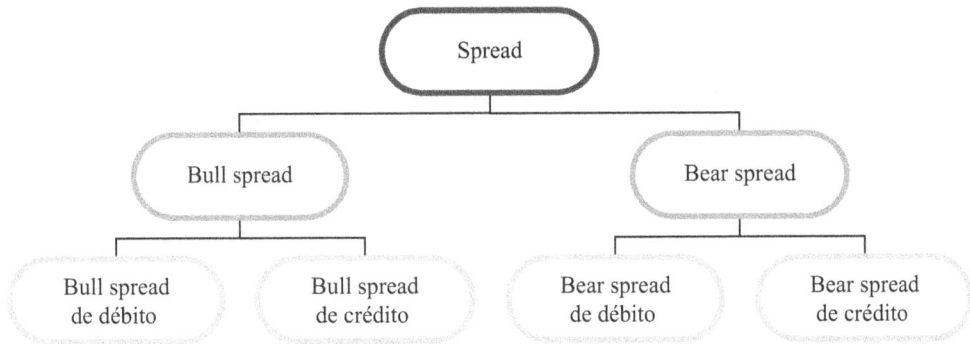

Figura 5.9: Tipos de spread básico

Short Strangle/Venda de Strangle

A venda de strangle, utiliza a estratégia oposta da aquisição do mesmo. A vantagem vis-à-vis, o straddle curto é que o corredor mais amplo de opções envolve oportunidades maiores. Os lucros máximos são limitados ao prêmio recebido, enquanto as perdas potenciais são ilimitadas.

Exemplo:

> Venda de opção de compra, ação X, strike EUR 40, vencimento em setembro, prêmio de opção EUR 1.
> Venda de opção de venda, ação X, strike EUR 36, vencimento em setembro, prêmio de opção EUR 0.80.

Os pontos de equilíbrio desta estratégia estão em EUR 41.80 e 34.20.

Observe que o aumento ou a diminuição rápida do preço de mercado pode conduzir igualmente esta estratégia para a zona de perda. É aconselhável esclarecer antecipadamente quando e como a posição terá que ser fechada em um cenário pior.

Spreads

Um spread é a compra ou venda simultânea de opções do mesmo tipo, mas com preços de exercício diferentes e/ou datas de vencimento.

Em linguagem comercial, spreads com base nas opções de compra/call são chamados spread bulls, enquanto os spreads criados sobre as posições venda/put são chamados bear spread.

Se o investidor arca com um gasto líquido de prêmio para construir o spread, então é chamado de spread de débito. Contrariamente, o spread de crédito (ou spread vendido) oferece um crédito de prêmio líquido para o investidor.

Vamos explicar com base em dois exemplos:
Bull spread de débito: Isso envolve a compra e a venda de uma opção compra/call com um preço de exercício mais alto.

Exemplo:
> Aquisição de uma opção de compra no preço de exercício
> da ação de X EUR 40
> Vencimento em setembro.
>
> Venda de uma opção de compra no preço de
> exercício da ação de X EUR 50
> Vencimento em setembro.

O gasto líquido resultante é EUR 1.

Os investidores que continuam com esta estratégia obtém o lucro máximo possível, se na data de vencimento a ação subjacente está listada no preço de exercício ou acima dele. Iguala a diferença entre os dois preços de exercício menos a diferença Nos prêmios da opção. A perda máxima ocorre quando o preço do ativo em referência fica abaixo do menor dos dois preços de exercício e as duas opções vencem.

Bear spread de crédito: O investidor assume que o mercado irá mover-se essencialmente para os lados com um viés leve para cima. Porém, para o caso de uma queda de preço, sua estratégia inclui uma posição de opção de venda. O investidor emite uma opção de venda mais alta e compra uma opção de venda com preço de exercício mais baixo. Tendo em vista que a opção de venda emitida protege contra um preço de exercício mais alto, ele recebe mais em pagamentos de prêmio que pagou para o put longo. O resultado é um rendimento de prêmio líquido, que representa o lucro máximo. A perda máxima é a diferença entre os preços de exercício menos o prêmio líquido.

Exemplo:
> Venda de uma opção de venda no preço de
> exercício da ação de X EUR 50
> Vencimento em setembro.

Compra de uma opção de venda no preço de exercício
da ação de X EUR 45
Vencimento em setembro.

O resultado é um rendimento prêmio líquido de EUR 2. O valor máximo é EUR 3.
Agora os valores individuais devem receber um nome. (50 – 45= 5; 5 – 2 = 3).

Tabela 5-3: Estratégias para uma atitude positica frente ao mercado

Expectativa de mercado	Posição da opção	Lucro potencial	Perda potencial
Forte Aumento	Aquisição opção de compra + Call 30	Ilimitado	Máximo: Prêmio pago
Leve Aumento	Aquisição Bull spread + Call 30 – Call 35	Máximo: diferença em preços de exercício (-) prêmios liquidos pagos	Máximo: prêmios liqui-dos pagos
Leve Aumento	Venda de opção de venda – put 30	Máximo: Prêmio pago	Quase ilimitado

Tabela 5-4: Estratégias para uma atitude de mercado neutro

Expectativa de Mercado	Posição da opção	Lucro potencial	Perda potencial
Movimentação lateral	Venda de bear Spread + put 36 – put 40	Máximo: prêmios liqui-dos recebidos	Máximo: diferença entre preços de exercício (-) prêmios liquidos recebidos
Movimentação lateral	Venda de bull Spread + Call 40 – Call 36	Máximo:prêmios liqui-dos recebidos	Máximo: diferença entre preços de exercício (-) prêmios liquidos recebidos

Tabela 5-5: Estratégias para uma atitude de mercado negativa

Expectativa de Mercado	Posição da opção	Lucro potencial	Perda potencial
Leve redução	Venda opção de compra – Call 40	Máximo: prêmio recebido	Ilimitado
Leve redução	Compra de Bear spread + put 36 – put 32	Máximo: diferença entre preço de exercício (-) prêmio liquido gasto	Máximo: prêmio liquido pago
Redução acentuada	Aquisição opção de venda + put 36	Quase ilimitado	Máximo: prêmio liquido pago

Tabela 5-6: Estratégias para uma atitude de mercado volátil

Expectativa de Mercado	Posição da opção	Lucro máximo	Perda máxima
Flutuação acentuada	Aquisição de Straddle + call 36 + put 36	Quase ilimitado	Limitado a prêmio pago
Flutuação muito elevada	Aquisição de Strangle + call 38 + put 34	Quase ilimitado	Limitado a prêmio pago
Flutuação próxima dos preços de exercício	Venda de Straddle – call 36 – put 36	Máximo: prêmio recebido	Quase ilimitado
Flutuação entre os preços de exercício	Venda de Strangle – call 38 – put 34	Máximo: prêmio recebido	Quase ilimitado

5.4 Como criar uma estratégia em negociação de opções?

É aconselhável desenvolver estratégias que são desenvolvidas para situação específicas. Se for um novo negócio, também é preciso ter certeza de reter a liquidez suficiente para as operações futuras. Isso é geralmente um fator muito importante somente se um investidor tiver recursos líquidos suficientes para expandir e administrar suas estratégias de modo apropriado. Neste contexto, observar que é sempre melhor abrir menos posições, mas sim administrar as posições já existentes de modo exato e consistente.

Outro aspecto importante para considerar é que os fatores externos, como volatilidade, podem exercer influência importante sobre os preços, colocando o investidor em situação de vantagem (ou desvantagem). Desta forma, é aconselhável que além de posições de especulação, o investidor tenha em seu portifólio posições que consideram a volatilidade dos preços dos ativos. Enquanto a implementação destes instrumentos podem ser de insignificância geral para o portfólio, elas contribuem sim para os retornos e podem ser negociadas rapidamente e a um baixo custo. Assim, há outra oportunidade para somar ao valor do portifólio. É possível adicionar as estratégias de opção com efeitos de redução de risco e opções complementares que somente são mantidas por um período curto (entre dias).

Uma dica importânte seria estruturar um portifólio em três grupos:

Grupo I: negócios de estratégia de longo prazo. Isso inclui as posições que são inseridas em longo prazo com base nas considerações estratégicas. Elas formam o suporte principal do portfólio e podem incluir tanto a cobertura quanto as estratégias de combinação.

Grupo II: posições de especulação. Este grupo coloca as apostas tradicionais, Com base em derivativos em certas movimentações de mercado. O único objetivo dessas posições é a especulação.

Grupo III: especulação ultracurta. Essas posições de especulação geralmente são Negociadas entre dias. Para especulação em prazo mais longo, são ampliadas a um máximo de três dias, com transações suaves para o Grupo II. Os investimentos a partir desse grupo são feitos, por exemplo, antes de a companhia publicar os resultados ou nos dias com movimentação extraordinária de mercado.

Porém, é preciso prestar atenção para os investimentos de Grupo II que passem para Grupo I! O objetivo original por trás de um investimento – mesmo que não seja um sucesso – deve ser mantido.

Exemplos:
>   Grupo I:
>   Futuros com base em índice, futuros com base em derivativos com taxa de juros, opções de futuros de títulos, etc.
>   Grupo II:
>   Investimentos como opções sobre índices, opções sobre portfólios de ações, emissão de opções de venda, etc.

Grupo III:
Este grupo inclui futuros de prazo muito curto, futuros cambiais, posições de opção em determinado ativo, etc.

No exemplo acima, o investidor tenta aproveitar o máximo de oportunidades possível. Para isso, ele precisa do seguinte:
- Liquidez suficiente
- Informação suficiente
- Atitude de mercado suficiente

A liquidez e a informação geralmente estão disponíveis. O mais sensível componente é a atitude de mercado, que deve ser correta.

5.5 Qual é o significado da opinião de mercado?

Sob um ponto de vista, todo investidor precisa ter sua perspectiva de mercado, avaliá-lo e decidir sobre os investimentos adequadamente. As opiniões de segunda mão geralmente trazem resultados negativos.

Todo investidor deve formar sua própria opinião e decidir de modo independente o que quer ou não fazer. Por conseqüência, é indispensável que um novo investidor de opinião esteja inteirado dos instrumentos disponíveis. Somente os investidores que realmente entendem os instrumentos disponíveis podem tomar decisões prudentes. Ao mesmo tempo, eles desenvolvem uma intuição pelas oportunidades e pelos riscos e podem relacioná-los aos investimentos. sob este aspecto, os dois grandes grupos de investidores são bem diferentes. Por um Lado, temos os investidores institucionais (profissionais) comandando a liquidez e a experiência – por outro, vários investidores privados que, enquanto podem ser capazes de adquirir conhecimento, frequentemente falta liquidez ou não querem colocar na linha.

No princípio, os dois grupos devem receber o mesmo tipo de conselho. Porém, os investidores privados devem ter acesso a informações mais detalhadas sobre os riscos envolvidos, a extensão e conseqüências particulares. Enquanto as mesmas estratégias podem ser aconselháveis, geralmente acham que não são para ser usadas, já que faltam os recursos de liquidez necessários.

Nos últimos anos, houve uma tendência crescente entre os investidores privados com relação aos derivativos seguros. As razões vem do fato de que os produtos são fáceis de explicar, de entender e usar para investimentos de tamanhos diferentes. Devemos acrescentar que os derivativos de seguro também estão disponíveis para investidores profissionais ou institucionais, mas geralmente fazem um pouco de sentido para aquele grupo devido as considerações de tamanho e custo. Em nossa experiência, a prática mais comum é para indivíduos privados para compra de derivativos seguros a partir de investidores institucionais, enquanto que o posterior mostra uma tendência maior a instrumentos de derivativos tradicionais, seja nos câmbios de derivativos ou OTC.

Resumo:
Na negociação de opções, há quatro estratégias básicas:
Aquisição de opção de compra/Long Call – absolutamente positivo
Venda de opção de compra/Short Call – estagnação, queda leve
Aquisição de opção de venda/Long Put – absolutamente negativo
Venda de opção de venda/Short Put – estagnação, aumento leve.
Em conjunto com os chamados "combos", como straddle,
strangle, spreads, etc. Utilizando estes combos, diferentes perfis, oportunidades e riscos podem ser satisfeitos; porém, é importante para os investidores ficarem sempre atentos.
Devido aos pagamentos de prêmio e dos dois componentes de valor (valor de tempo e intrínseco), as opções envolvem uma distribuição de risco assimétrica.

6 Futuros – instrumentos de derivativos incondicionais

Este capítulo trata das seguintes questões:
1. O que são os futuros e contratos a prazo?
2. Como os futuros funcionam?
3. Qual é a diferença entre um futuro de índice e um futuro de títulos?
4. O que é o futuro de DAX?
5. O que é o futuro Euro Bund?

6.1 O que são os instrumentos conhecidos como futuros?

Os derivativos clássicos tem suas primeiras negociações registradas na mesma época da negociação dos próprios ativos. Como nas transações de derivativos do século XVI com arroz foram concluídos no Japão. Os primeiros títulos de futuros financeiros foram negociados em agosto de 1977 em Chicago, com base no Treasury Bond Futuros (T-Bond) de 30 anos. Hoje há vários títulos futuros com base em muitos ativos diferentes. Os futuros com base em índice e os de taxa de juros, como também os de commodities, são amplamente usados e representam um componente essencial dos mercados de futuro.

Qual é a diferença entre um futuro e um contrato a prazo? a resposta é simples: um futuro é um contrato que, devido aos elementos padronizados, pode ser comercializado em câmbio. Com as características particulares, é facilmente transferível a terceiros. Um contrato a prazo é exatamente o oposto, onde existe um contrato customizado entre as duas partes, geralmente um banco e o cliente. Assim, não é possível ser transferido a terceiros tão fácil.

Os dois instrumentos estão entre o que chamamos de derivativos incondicionais; isto é, incluem as obrigações contratuais que devem ser atendidas sempre. Ao concluir o contrato, as duas partes se comprometem a atender as respectivas obrigações. A intenção do ativo subjacente de um investidor de pagamentos a prazo é assegurar que seu portifólio não corre riscos, ou seja efetuar um hedge da posição.

Contra riscos ou especular na movimentação de mercado em médio prazo. Devido à negociabilidade limitada dos contratos a prazo, eles não servem para

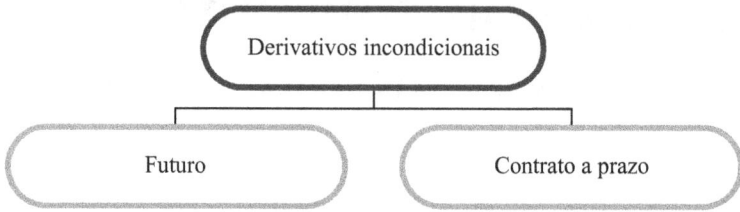

Figura 6.1: Derivativos incondicionais

especulação em curto prazo ou "real", mas geralmente são usadas para cobrir. Como este livro foca na negociação e elaboração de derivativos negociados em câmbios, as seções a seguir irão tratar somente de futuros.

> Por definição, um futuro é um instrumento derivativo que inclui uma obrigação de compra (long) ou entrega (short) de certo ativo a um preço pré definido, em uma data fixa e em qualidade e quantidade particular (também definidas). Não há nenhum direito de escolha. A transação esta completa, quando a entrega é realizada.

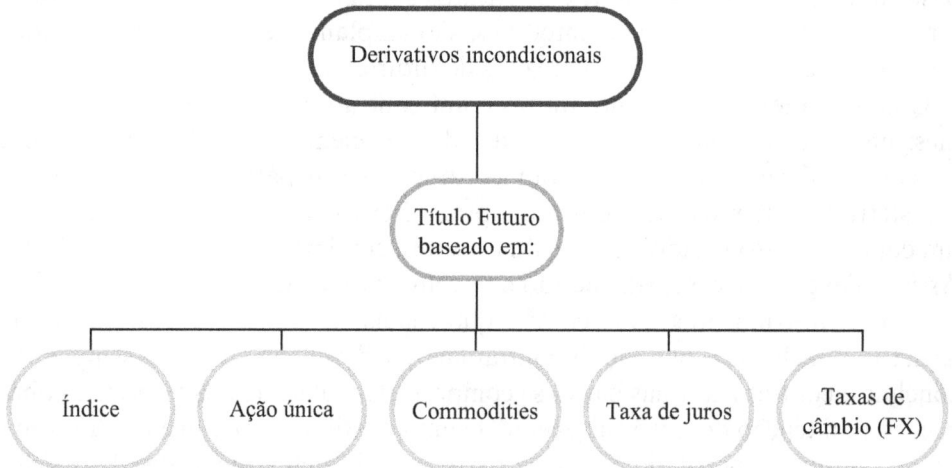

Figura 6.2: Tipos mais comuns de ativos negociados por meio de título futuro

6.2 Mercado de futuros

Os títulos de futuros podem ser baseados em um leque relativamente diverso de ativos, os quais os mais comuns são:

6.3 Negociação de futuros

Para negociar um contrato de futuros, um investidor precisa certa quantidade de dinheiro, que representa uma parte do valor de contrato real e é chamado de margem inicial. Seu objetivo é proteger o investidor dos riscos de fechamento até o próximo dia de negociação de câmbio e deve ser pago pelo comprador e vendedor.

Durante esse período, um investidor tem um contrato de futuros em sua carteira, os lucros e as perdas são ajustados diariamente. Os respectivos pagamentos são chamados de margem de variação. Para mais informações sobre margens, consulte o Capítulo 17.

Um investidor de futuro pode escolher entre duas estratégias básicas:
* Ele compra um futuro ("long"), se contar com uma tendência de subida.
* Ele vende um futuro ("s"), se especular uma tendência de queda.

Como mencionado anteriormente, um investidor em futuro longo espera uma tendência de alta para o ativo short subjacente. Devido à liquidez limitada (margem inicial) necessária para o investimento, ele alcança a alavancagem desejada. Ele tem um lucro se o preço do ativo subjacente – e com ele, o preço do futuro – sobe e entra na zona de perda somente no caso de uma queda de preços. Como mencionado inicialmente, os lucros ou as perdas são ajustadas no fechamento do mercado pela entrada de dinheiro. Assim, um investimento deste tipo deve ser recomendado quando os preços estão subindo ou a tendência está intacta.

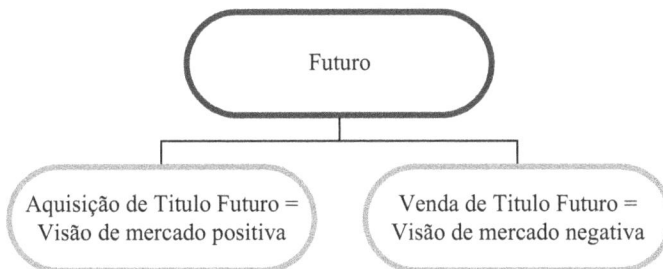

Futuro

Aquisição de Titulo Futuro =
Visão de mercado positiva

Venda de Titulo Futuro =
Visão de mercado negativa

Figura 6.3: Opções de mercado possíveis de um investidor de futuro

Em contraste, um investidor deve investir somente em um futuro curto se esperar que o preço ativo subjacente caia. Em analogia, o futuro curto só vai alcançar a zona de perda se o ativo subjacente subir.

Os futuros são negociados da mesma maneira que as opções e podem também ser abertas e fechadas pelas posições de compensação (offsetting). Este tipo de derivado incondicional é amplamente usado por investidores profissionais, já que oferece a possibilidade de negociar o mercado inteiro rapidamente e a custo limitado.

Tabela 6-1: abertura e fechamento das posições em futuros

Abertura	COMPRAR FUTURO (long)
Fechamento	VENDER FUTURO (short)
Abertura	VENDER FUTURO (short)
Fechamento	COMPRAR FUTURO (long)

6.3.1 A efetivação e entrega de um instrumento Futuro

Há duas maneiras para entregar um futuro. Uma é a entrega física tradicional, por exemplo, a entrega do Euro Bund. A outra é a liquidação em dinheiro por pagamento/recebimento da diferença entre o preço de liquidação e o de futuros. Esta variante é usada quando se trata de futuros com base em índice, por exemplo, onde a entrega física do ativo não é viável.

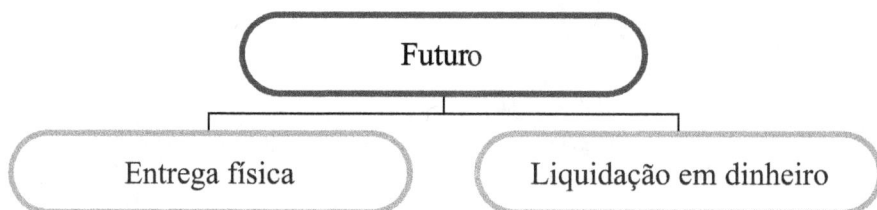

Figura 6.4: Modos de liquidação para futuros

6.4 Futuros com base em Índices

Há vários futuros que utilizão índices como ativos de referência, ou seja, estes índices são comercializados no mercado futuro. Vamos agora ver alguns Exemplos práticos para o futuro com base no índice DAX® (FDAX®). Para isso, são necessárias alguns pré-requisitos. Ao tratar de futuros com base em índice, é sempre importante entender claramente o ativo subjacente: É um desempenho ou um índice de preço? Quantas ações estão incluídas no índice? Como o índice é calculado? Qual é o multiplicador de índice, quais são os períodos de negociação a serem observados? Somente depois de saber as respostas dessas perguntas, o investidor deve começar a negociação do futuro com base no índice em questão.

Vamos elaborar o futuro com base no índice DAX®:

O instrumento de ativo base aqui é o índice de desempenho DAX® de Deutsche Börse AG (Bolsa de Valores Alemã), que inclui 30 ações. Cada uma delas é selecionada com base em um conjunto de regras definido pelo Deutsche Börse AG (incluindo tamanho, sem flutuação, etc.). Os ajustes ao índice são realizados em pontos definidos ou sempre que as condições básicas mudarem. O peso das diferentes ações é ajustado trimestralmente.

Como o DAX® é um índice de desempenho, os dividendos são divididos e contam como re-investimento. Esta fator representa uma diferença significativa, por exemplo, quando comparado ao índice Dow Jones, o qual é um índice com base em ações. O ajuste para dividendos pagos é feito no dia-ex usando um fator de ajuste.

Outra informação básica se refere ao modo de liquidação. Como os índices não podem ser entregues fisicamente, a liquidação será feita em dinheiro pela diferença de valor. Na prática, a maioria dos contratos de futuros são fechados antes da data de vencimento.

Um futuro com base no DAX® (FDAX®) vale EUR 25 por ponto do índice. Consequentemente, se o FDAX® aumenta um ponto, o valor de EUR 25 é creditado na conta do investidor de longo e debitado na do investidor de curto. Este processo é chamado "marking to market" (avaliação ao preço do mercado). As entradas são afetadas todos os dias até que a posição seja exercida ou fechada, que assegura que todas as contas estão equilibradas quando o câmbio fecha. No dia seguinte, a liquidação diária de perda e ganho no livro de posição começa novamente do zero.

Os investimentos em futuros têm um efeito de alavancagem, já permite que os investidores se comprometam com investimentos consideráveis ao colocar uma margem limitada. Assim, os investidores podem alcançar o mesmo efeito que o investidor de dinheiro clássico enquanto precisa de muito menos liquidez.

Com os futuros com base em índice, a diferença é definida em pontos, que são convertidos na respectiva moeda usando um multiplicador de índice (EUR 25 para o FDAX®; 1 ponto = EUR 25).

Exemplo:

Um investidor compra (longo) 10 contratos Futuros de DAX® a 6700 pontos. No final do dia, o FDAX® é cotado a 6650 pontos.

A perda do investidor é de 50 pontos. Com o multiplicador do índice a EUR 25 por ponto, isso se traduz em uma perda de EUR 1.250 pontos. Neste exemplo, a perda do investidor resulta de todos os 10 contratos que somam EUR 12.500.

Vamos colocar brevemente os valores negociados na relação.

No nosso exemplo, 10 contratos de FDAX® são equivalentes a um valor de EUR 10.5 Quais são os futuros cambiais? XI 1.675000 (10×25×6,700 pontos), onde o investidor paga somente uma margem inicial de atualmente 410 pontos por contrato, que somam EUR 102,500 (410×10×25). Isto é, com o investimento de capital de EUR 102,500, ele controla um valor total de EUR 1,675,000!

Tabela 6-2: Futuros com base em índice negociados frequentemente

ÍNDICE	Futuro
DAX®	DAX® Future (FDAX®)
Standard & Poor's	S&P 500-Future
Dow Jones Industrial Average	Dow Jones Industrial Future
FTSE	FTSE-Future
EURO STOXX 50®	EURO STOXX 50® Future
…	…

Tabela 6-3: Opinião do mercado subjacente de investidores de futuros

Posição de futuros	Suposição Básica
Aquisição de titulo futuro	Mercados em alta
Venda de título futuro	Mercados em baixa

6.5 Futuros com base em taxa de juros

A figura parece muito diferente para instrumentos em que as transações são liquidadas fisicamente, como o Euro.Bund Futuros (FGBL). Este futuro é baseado em um título federal sintético com um cupom nominal de 6% e um vencimento remanescente de 8,5 a 10,5 anos. Como o título federal é de natureza fictícia, pode incluir uma cesta de títulos que podem ser usados para entrega quando o futuro alcançar a data de vencimento. Porém, esses títulos não atendem a razão 1:1 suposta, eles precisarão ser calculados usando uma conversão.

Fator. Com este fator, os cupons e os prazos diferentes podem ser harmonizados e alinhados com as especificações de contrato padrão para os Euro-Bund Futuros Observe que, na prática, a maioria dos contratos de futuros não são realmente entregues de modo físico, já que são fechados ou fazem roll-out antes do vencimento.

A negociação em futuros de taxa de juros, como os Euro-Bund Futuros ou o Treasury Bond Futuros (T-Bond) de 30 anos é muito intenso e altamente líquido. Usando diferentes tipos de futuros (com base nos títulos com diferentes prazos), os investidores podem se beneficiar das mudanças no mercado de taxa de juros e também dos desequilíbrios e alterações na estrutura de curva de juros. Por exemplo, um investidor supondo o aumento nas taxas de juros (em longo prazo) vai vender contraltos em Euro-Bund Future. Assim, pode cobrir as duas pontas da curva de estrutura de juros e, pela modelação de avaliação efetiva; investir em derivativos de taxa de juros mesmo quando a curva for alterada.

Isso é verdade mesmo para operações que excedem a região da própria moeda.

Além disso, o Euro Bund Futuros (EUR) e o T-Bond Futuros (USD) podem ser combinados. Caso o investidor suponha que as taxas de juros vão cair nos EUA e subir na Europa, ele pode comprar os T-Bond Futuros e vender os Euro-Bund Futuros simultaneamente. Ao combinar com um futuro FX, pode esperar retornos mais altos.

Tabela 6-4: estrutura de vencimento para futuros diferentes

Futuros	Vencimento do ativo utilizado como base para titulo Futuro – em anos
Euro Schatz Futuros (EUR)	1.75 – 2.25, títulos federais
Euro Bobl Futuros (EUR)	4.5 – 5.5, títulos federais
Euro Bund Futuros (EUR)	8.5 – 10.5, títulos federais
Euro Buxl® Futuros (EUR)	24.0 – 35.0, títulos federais
CONF Futuros (CHF)	8.0 – 13.0, Confederação Suíça
T-Bill Futures (USD)	Três meses notas do tesouro norte-americano
10 Year U.S. Treasury Note Futures (USD)	10 anos.Títulos do governo norte-americano
30 Year U.S. Treasury Note Futures (USD)	30 anos. Títulos do governo norte-americano

Tabela 6-5: intenções básicas de negócios no mercado de ações

Futuros Posição	Suposição Básica	Liquidação
Aquisição de titulo futuro	Taxas de Juros em queda: mercado de ações em alta	Deve comprar títulos
Venda de título futuro	Taxas de Juros em alta: mercado de ações em queda	Deve vender títulos

6.6 Futuros com base em moedas estrangeiras

Os futuros de moeda estrangeira (FX) são oferecidos pelo CME em Chicago, entre outros. Aqui os investidores podem negociar em pares de moeda fixos, como EUR / USD. Um contrato vale EUR125.000. Um investidor pode comprar um futuro (longo), pois supõe que o Euro vai subir com relação ao dólar ou vender o futuro (curto), pois supõe o contrário. Isso também se aplica, obviamente, para outros pares de moedas. Devido à negociação rápido e líquida, esses futuros também são uteis para fins especulativos de curto prazo, não somente para investimentos de médio ou longo prazo. Um possível aumento em retornos pode ser alcançado por negociações complementares ou de curto prazo em um livro de derivativos ativos.

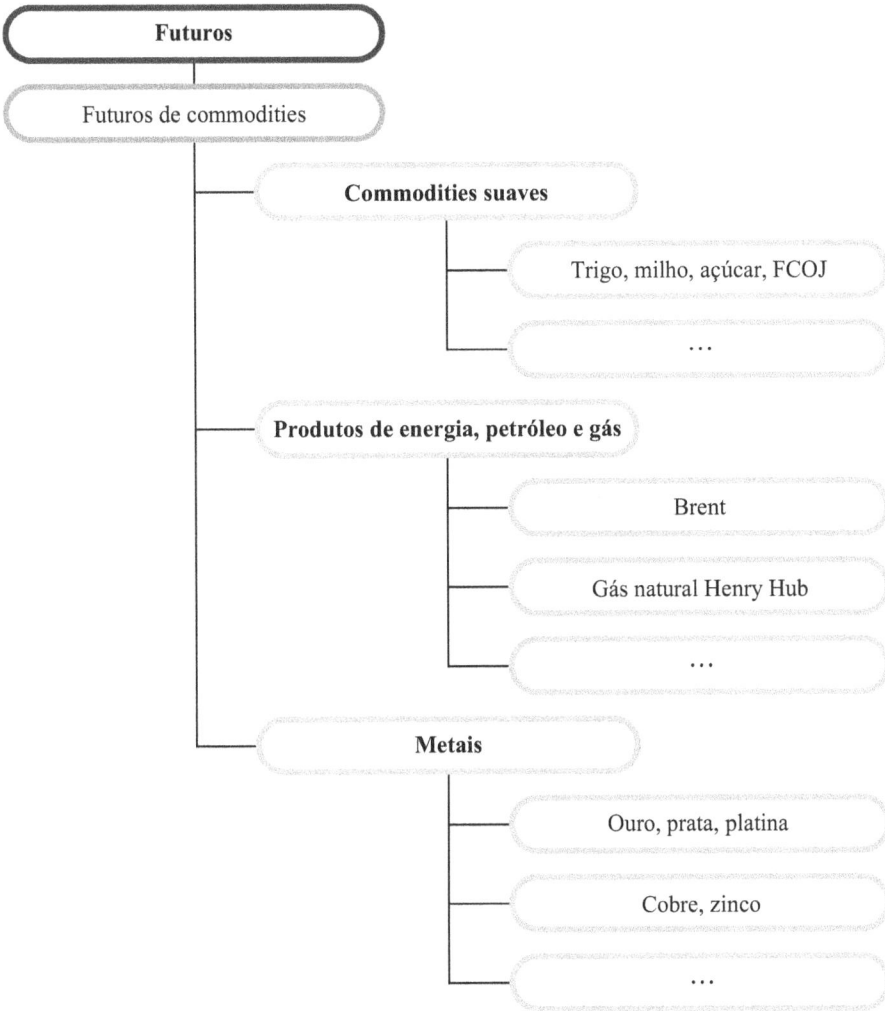

Figura 6.6: Categorias de produtos nos câmbios de futuros de commodities dos EUA

Tabela 6-6: futuros de FX concebíveis

EUR	USD
EUR	CHF
EUR	YEN
GBP	USD
AUD	USD
...	...

Os câmbios de derivativos oferecem quase qualquer par de moeda, desde que seja razoável e necessário. Como a liquidação geralmente é física, os futuros são geralmente fechados prematuramente

6.7 Futuros de Commodities

As negociações em futuros de commodities é um componente existente e muito importante nos mercados de derivativos. Os futuros de commodities também são a origem dos câmbios de derivado. Hoje eles não são mais usados para cobertura apenas, mas também frequentemente para especulação. Na Alemanha, os futuros de commodities não são muito comuns, já que é quase obvio a partir do fato de que os principais futuros de commodities estão localizados nos EUA.

Nesses câmbios, podem ser negociados os seguintes tipos de produtos:
Outra vez, é importante fazer a distinção se os futuros são liquidados em dinheiro ou Fisicamente. Geralmente as duas variantes estão disponíveis. Para fins de especulação, é preferível escolher liquidação em dinheiro e excluir a entrega física a partir do início.

6.8 Futuros de baseados em uma única ação

Além do que foi descrito acima, há outro tipo de futuros em que o subjacente é uma ação de empresa individual. Na Eurex, por exemplo, os Futuros de uma ação (single-stock) são negociados para todas as empresas EURO STOXX 50®. Como para os futuros com base em índice tradicional, o investidor pode especular a subida ou a queda de preços da segurança subjacente. Assim os futuros de single stock complementam o intervalo de futuros com base de segurança.

Tabela 6-7: intenções básicas de investidores em Futuros baseados em ação única

Posição de futuros	Suposição Básica
Aquisição de futuro	Aumento no preço da ação
Venda de futuro	Queda de preço da ação

6.9 O mercado para negociação de futuros

Como os investidores de opções, os investidores que negociam futuros, precisam ter condições de formar uma avaliação saudável do mercado, iremos analisar agora o chamado juros abertos, que indica quantos contratos estão abertos: cada contrato conta somente uma vez já que para cada posição curta deve haver uma longa. Assim, os juros abertos sobem quando os dois participantes do mercado iniciam um novo negócio e diminui quando esses participantes encerram o negócio. Em contra partida, continua inalterado quando um participante do mercado fecha um negócio e outro ocorre. Ao colocar os juros abertos na relação dos preços de mercado e venda, é possível tirar certas conclusões sobre o estado do mercado.

Tabela 6-8: juros abertos e estado do mercado

Juros abertos	Preços	Vendas	Expectativa do Mercado
↑	↑	↑	↑
↓	↑	↓	↓
↑	↓	↑	↓
↓	↓	↓	↑

A negociação em um câmbio de derivativos é anônima, logo as duas partes contratantes não se conhecem – e não têm que se conhecer – para celebrar as relações comerciais. O câmbio funciona como uma contraparte central, que exclui os riscos das transações que não estão sendo atendidas e asseguram o processamento em ordem.

Resumo:

Um futuro é um instrumento de derivativo incondicional, o que significa que a transação deve ser realizada. Os futuros são diferenciados de acordo com o modo de liquidação, que pode ser física ou em dinheiro (pelo pagamento do valor da diferença). Os futuros podem ser baseados em um leque diversificado de ativos, do qual os mais comuns são os índices, as taxas de juros, as commodities, os câmbios e ações específicas. Em uma transação de futuros tradicional, um investidor pode expressar uma opinião de mercado positiva

(compra) ou negativa (venda). Como os futuros contam entre os instrumentos de Delta 1, significando que o valor do mesmo afeta a carteira do investido, este participa 1:1 em seu desempenho.

7 Preços de futuros

Este capítulo trata das seguintes questões:
1. Como o preço de um futuro é determinado?
2. Como o preço de um futuro de taxa de juros é determinado?
3. O que é um título CTD?
4. O que "liquidação final" significa?
5. Quais datas de vencimento são comuns para os futuros?

7.1 Como o preço de um futuro é determinado?

Os preços de futuros são mais fáceis de determinar que os de opção.

Um investidor tem duas possibilidades, em uma ele pode comprar um portfólio com ativos subjacentes do futuro. No outro, ele pode comprar o futuro em si. Se o investidor escolher o portfólio, ele vai precisar comprar os ativos subjacentes de acordo com o peso que eles exercem no mercado futuro e mante-los exatamente o mesmo tempo que a posição de futuros correspondente. A aquisição destes ativos, faz o investidor incorrer em custos, contudo em retorno a este investimento, o mesmo recebe rendimentos. Se os contratos de futuro possuem o preço determinado com base no cenário acima, tanto a aquisição do titulo futuro, como a aquisição do ativo irão proporcionar o mesmo resultado (assumindo mercado livre). Assim, o preço de um futuro é determinado pela seguinte fórmula:

Preço de futuro teórico = ativo + (custo financeiro − rendimentos perdidos)

$$Preço\ do\ futuro = C_t + \left(C_t \times r_c \times \left(\frac{T-t}{360} \right) - d_{t,T} \right)$$

Onde:
C_t = Ativo base para instrumento futuro (ex.: nível de índice)
r_c = Taxa de juros praticada no mercado (porcentagem, atual/360)
t = Valor das posições de mercado à vista

T	=	Dia de realização de um futuro
$T-t$	=	Prazo remanescente de um futuro
$d_{t,T}$	=	pagamento de dividendo esperado pelo período de t a T

Custos de financiamento líquido, como resultado da diferença entre custos de financiamento e lucros perdidos, são considerados custo base (cost of carry – CoC).

Base = preço do futuro – preço á vista

O custo base (cost of carry – CoC) pode ser positivo ou negativo. É positive se os retornos Forem mais altos que os custos de financiamento, e negativos, se esses custos passarem os retornos.

Com o último dia de negociação para o futuro, a base diminui. Nesse último dia, o preço de spot iguala ao preço do derivado. Este fenômeno é chamado de convergência de base. Devido à redução do custo de financiamento e os retornos sobre o investimento, a base é igual a zero no dia do vencimento. O preço de spot (preço do investimento em dinheiro) e o preço de futuros agora são o mesmo.

Tabela 7-1: Base de futuros

O preço á vista ...	O preço de futuro é ...	A base é ...
... mais baixo que o preço de futuro	... mais alto que o á vista	negativo
... mais alto que o preço de futuro	... mais baixo que o á vista	positivo

Como podemos ver, determinar o preço de futuro não é tão complicado. Basta simplesmente pegar o preço do instrumento em dinheiro (ativo), acrescentar o custo de holding no mercado de derivativos, e dedução dos lucros que poderia ser errados, se o instrumento subjacente foi comprado diretamente em vez de pelo futuro. Também vemos que a volatilidade não tem nenhum efeito no preço dos futuros.

7.2 Como o preço de um futuro de taxa de juros é determinado?

A curva de estrutura de juros afeta muito o preço dos futuros da taxa de juros. As taxas de juros de curto prazo afetam o refinanciamento de um investimento em um título, enquanto que as taxas de juros em prazo mais longo afetam o cupom e assim o rendimento do investimento. Por conseqüência, com uma curva de juros normal, o rendimento é maior que o custo de financiamento e o preço dos derivativos pode ter uma base positiva, pois o preço de spot é mais alto. A partir deste contexto, é fácil ver que o preço de futuro cai, conforme o prazo do futuro aumenta. O oposto é verdade para uma curva de estrutura de juros inversa. Neste caso, a base do futuro é negativa e o custo de financiamento excede o custo de holding. Como resultado, o preço de futuro aumenta acima do vencimento. Abaixo está uma visão geral das três curvas possíveis de estrutura de juros:

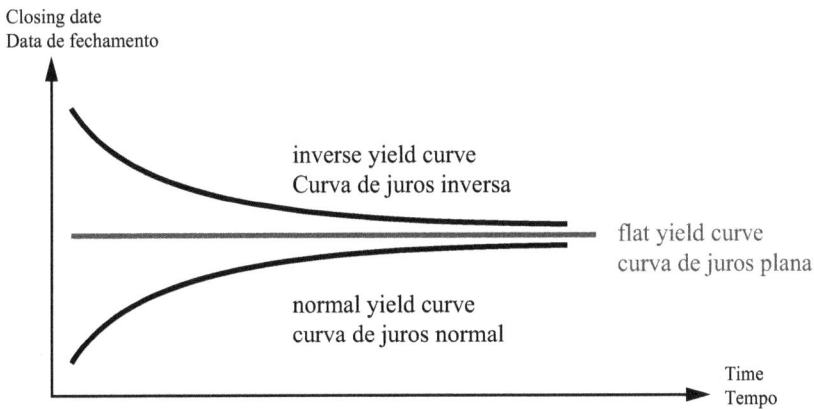

Figura 7.1: curvas de estrutura de juros

Valor justo de um futuro de taxa de juros

$$F = \left(\frac{U}{P}\right) - Z + C$$

Onde:
F = preço de futuro
U = posição de dinheiro

P = fator de preço
Z = rendimento do cupom
C = custo de financiamento de posição de dinheiro

Pela transformação, temos:

$$\left(\frac{U}{P}\right) - F = Z - C$$

Onde:
F = preço de futuro
U = posição de dinheiro
P = fator de preço
Z = rendimento do cupom
C = custo de financiamento de posição de dinheiro

O valor justo é alcançado quando o teórico é igual à base real. Em outras palavras, o valor justo corresponde ao preço do instrumento subjacente mais o custo de financiamento, menos os rendimentos de cupom no curso de fase de holding.

O fator de preço só é significante por completo na data de vencimento. É aplicado para determinar o preço de liquidação final.

Preço de liquidação final = Preço de liquidação de futuro × nominal × fator de preço + juros acumulados

7.3 O que é um título CTD?

Um CTD (cheap-to-deliver), barato de entregar, é o título que gera o maior lucro Ou a menor perda quando entregue (no contrato de futuros). É usado para entrega e representa a melhor variante de uma posição sintética. O preço do CTD é determinado usando um fator de conversão (Wpys / Wsyn). Este fator é usado para ajustar os mercados de ações diferentes (referentes a cupom, vencimento, etc.). Depois de calcular todas as opções de entrega, o título cheapest-to-deliver é selecionado e entregue.

Porém é importante observar que a maioria dos investidores não deseja entregar/aceitar o ativo subjacente e assim fechar ou fazer o roll-over do contrato de futuro antes do vencimento. Um participante de mercado que queira manter a posição de futuros até a liquidação final deve especificar qual título será entregue (dia da notificação = último dia de negociação). A entrega é feita no segundo dia de negociação de câmbio depois do dia da liquidação. É realizado pela câmara de liquidação (como para as opções de ações).

7.4 Qual o significado de "liquidação final"?

O preço determinado em um dia da liquidação de futuro é chamado de preço de liquidação final. O contato de futuro é definido, ou entregue, a esse preço. Antes de fechar a transação, as partes concordam com a liquidação física ou em dinheiro (que é então incluída nas especificações do contrato). Um investidor deve sempre considerar esta informação. Para prevenir obrigações indesejadas, é aconselhável encerrar prematuramente e evitar uma entrega potencial. Se um investidor, devido a opção de mercado básica, deseja aumentar a transação além da data de vencimento original, ele pode sempre optar por um roll-over, por exemplo: a posição original e a abertura de um novo com uma data de vencimento posterior.

7.5 Quais são as datas de vencimento comum para futuros?

Geralmente, há no mínimo três datas de vencimento diferentes para futuros. Por exemplo, a Eurex oferece futuros no EURO STOXX 50® para os próximos três trimestres. Cada câmbio tem seu próprio conjunto de regulamentações especificando quais datas de vencimento de futuros estão disponíveis para produtos diferentes. Para futuros com base em índice, as datas dos três trimestres seguintes são geralmente oferecidas.

Se um investidor decide negociar em um futuro passando além da próxima data de vencimento, ele precisa considerar o possível desenvolvimento negativo do custo de financiamento – isto é, poderia ser mais alto (para um futuro longo) ou mais baixo (para um futuro curto). O mesmo problema poderia resultar de posições de roll-over nos futuros. Em casos como esses, as perdas decorrentes das diferenças de preço são calls de perdas de roll-over. Infelizmente, essas perdas não podem ser evitadas, já que resultam de preços e são independentes da estratégia empregada. O diagrama abaixo mostra uma perda de roll-over (futuros subseqüentes serão mais caros para compra).

Tabela 7-2: Visão geral de possível série de futuros, usando o EURO STOXX 50® Future como exemplo

1ª possibilidade	Março	Junho	Setembro
2ª possibilidade	Junho	Setembro	Dezembro
3ª possibilidade	Setembro	Dezembro	Março
4ª possibilidade	Dezembro	Março	Junho

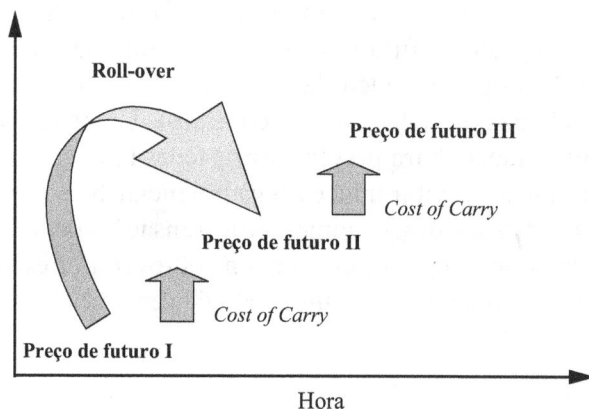

Figura 7.2: Perda de roll-over

Resumo:
Neste Capítulo, tratamos o custo de financiamento líquido e os efeitos nos preços de futuros: Pode causar um aumento ou redução de preço e falamos também de uma base positiva ou negativa. A convergência da base se refere a uma situação em que no dia da liquidação o preço de futuros é igual ao spot price. Também revisamos os dois modos de entrega – físico e em dinheiro.

Preço futuro = Preço à vista + Custo do transporte
Custo de transporte = custo de financiamento – rendimentos perdidos

$$\text{Preço futuro} = C_t + \left(C_t \times r_c \times \left(\frac{T-t}{360}\right) - d_{t,T}\right)$$

8 Estratégias envolvendo futuros

Este capítulo trata das seguintes questões:
1. Quais as estratégias são possíveis nos futuros?
2. Como essas estratégias são definidas?

8.1 Quais as estratégias são possíveis utilizando futuros?

Como com todas as transações de derivativos, como futuros, as intenções principais do investidor são:
- Especulação,
- Cobertura/Hedge, ou
- Arbitragem.

Porém, há mais razões pelas quais os mercados de futuro são importantes para o mercado geral. Uma dessas razões é a alavancagem. Como é necessário um capital relativamente pequeno, o investimento ganha alavancagem – isto é, o investidor pode se engajar em um investimento maior com gasto limitado. Outra vantagem é que o investidor pode fazer isso não somente a partir do (long/compra) do comprador, mas também do lado do vendedor (short/venda). Uma terceira vantagem é a certeza de que as transações serão preenchidas. O risco de solvência é minimizado (já que a parte contratante é a câmara de liquidação de câmbio). Isso também permite a rápida negociação e liquidação de posições antigas. Finalmente, há transações rápidas e econômicas cobrindo um amplo espectro e uma variedade de instrumentos negociáveis. Assim, um investidor pode executar seus negócios rápida e efetivamente.

Posição de aquisição de futuros (long futures)
O investidor espera que o preço do ativo aumente e, consequentemente, passe para uma posição de aquisição de futuro. O lucro é a diferença entre o preço de compra baixo e o de venda elevado. Porém, se o preço de mercado reduz, o investidor sofrerá um prejuízo.

O perfil de risco e oportunidade da aquisição de uma posição é quase idêntica ao de uma posição de aquisição do ativo. Devido ao efeito de alavancagem, porém, os resultados são diferentes.

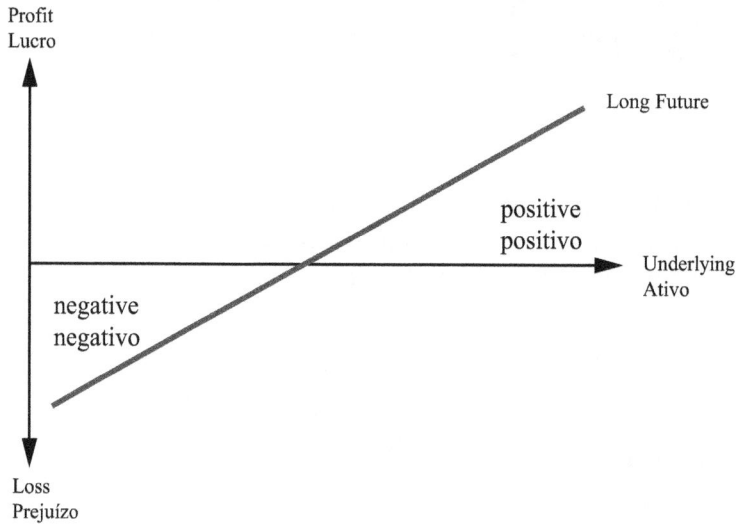

Figura 8.1: Visualização da posição de aquisição de futuros

Posição de venda de futuros

O investidor espera que o preço do subjacente caia e, consequentemente, passe para uma posição de futuros curtos. O lucro é a diferença entre o preço de venda mais alto e o de compra mais baixo do futuro. Se o futuro sobe, contrário à expectativa, o investidor perde.

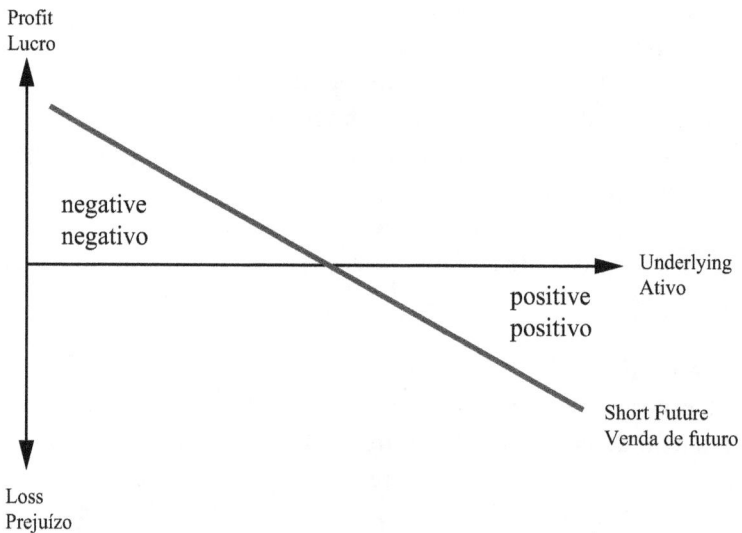

Figura 8.2: Visualização da posição de venda de futuros

Ambas as especulações de futuro podem ser consideradas estratégias básicas em que outras estratégias são construídas. Neste ponto, permita-nos algumas observações fundamentais para um investimento em futuros, um investidor deve atender a três requisitos básicos:

* Alto grau de liquidez
* Conhecimento considerável
* Informação ampla e detalhada

Somente um investidor que atenda a esses requisitos deve considerar investimento em futuros. Enquanto negociar em posições de futuros é muito simples, manuseá-las não. Tanto os usos de especulação quanto de cobertura são comuns. A cobertura com uma posição de futuros tradicionais é simples, onde o objetivo é cobrir contra a subida e queda dos preços de mercado.

O caso tradicional envolve cobertura/hedge contra preços em queda. Um investidor tem receio que o seu portfólio vai perder valor e vende um título futuro para proteger-se. Este tipo de hedge/cobertura do portifólio é possível, se o ativo da carteira e do instrumento futuro forem os mesmos. Como essa premissa nem sempre ocorre, procura-se o spread mais amplo possível e a estratégia de cobertura é definida com base neste futuro.

A primeira etapa consiste em calcular o número de contratos de futuros necessários:

$$\textit{Razão de Hedge (Cobertura)} = \frac{\textit{Portfólio}}{\textit{Pontos futuros de índice}} \times \frac{1}{\textit{Multiplicador de índice}}$$

Exemplo:

Um investidor tem um portfólio que vale EUR 1 milhão. Ele quer fazer a cobertura contra queda de preço. Como as seguranças no portfólio são mais comparadas ao EURO STOXX 50®, o investidor decide usar o EURO STOXX 50 Future® (FESX) para cobrir o portfólio.

Primeiro, calcula a proporção de cobertura:

(Portfólio / EURO STOXX 50®) / Multiplicador do índice = X

x = (1 milhão / 4,450) / EUR 10

x = 22.47

O investidor precisa vender 23 contratos de EURO STOXX 50 futuros® para cobrir o portfólio.

A cobertura contra preços de mercado mais altos pode parecer errado no começo, mas é importante considerar. Vamos supor que nosso investidor quer um fluxo considerável de fundo em seis meses, mas devido ao estado atual do mercado, um investimento parece favorável agora. Nesta situação, o investidor vai tentar cobrir o nível de preço atual, embora faça o investimento somente seis meses depois. Este tipo de cobertura é apropriado, em particular, se o investidor espera ter fundos líquidos regulares na eliminação do futuro.

Assim, ele sinteticamente causa efeito no investimento que poderá pagar em seis meses. Contrário à cobertura contra uma queda de preço, neste caso, o investidor compra um futuro para fazer a cobertura contra o aumento de preços.

Nos dois casos, o investidor tem medo que os preços no mercado em dinheiro vivo Mudem para desvantagem. Com as duas estratégias descritas, ele fecha o preço de abertura e encerramento para o investimento.

Conforme explicado no Capítulo anterior, o preço de um futuro inclui os custos de mercado á vista.

E o custo de "carry". Isso resulta em uma diferença de preço entre os futuros no mesmo subjacente, mas com datas de vencimento diferentes, que é chamado de spread de tempo. Isso vem da diferença no custo de financiamento líquido paro vencimento remanescente da diferença. Em contraste, as expectativas com relação.

Ao preço de subjacente e o desenvolvimento durante este período não tem nenhum efeito. Os investidores tiram vantagem deste margem e investem.

Compra de um spread/margem
O investidor de futuros compra o contrato mais próximo e vende o mais distante.

Exemplo:
>   Compra de um índice de X que vence em março.
>   Venda de um índice de X que vence em dezembro.
>   Venda de spread.
>   O investidor de futuros vende o contrato mais próximo e compra o mais distante.

Exemplo:
>   Venda do índice de X que vence em março
>   Compra do índice de X que vence em dezembro

Quando se deve escolher a estratégia?

A princípio, devemos distinguir entre futuros em índices de preço de ação e futuros em índices de desempenho. Também devemos considerar a tendência de preço para ambos, o índice e o custo de financiamento líquido.

Tabela 8-1: Spreads/margens

Tipo de índice	Preços em ascensão	Preços em queda
Índice de Desempenho	Venda de um spread	Compra de um spread
Índice de preço Custo de transporte >0	Venda de um spread	Compra de um spread
Índice de preço Custo de transporte <0	Compra de um spread	Venda de um spread

Isso mostra que, com os índices de desempenho, uma decisão estratégica pode derivar somente da tendência de preço. Quanto mais longo for o vencimento remanescente do futuro, mais alto é o preço de mercado (base negativa). Se o preço subjacente sobe, a base também. Como este conceito se aplica igualmente aos dois contratos, o spread aumenta proporcionalmente. O oposto exato é verdadeiro para preços em queda: O investidor de futuros de spread tem uma perda.

Em contraste, no caso dos índices de desempenho, o investidor deve focar no custo de financiamento líquido: Se a base do futuro for positiva, o investidor deve fazer.

O oposto, se comparado a uma posição de futuros com base no índice de desempenho.

Spread intermercado

Um spread intermercado significa que um investidor compra e vende os mesmos contratos a dois câmbios diferentes. Assim, ele tira vantagem das diferenças de preço nos dois locais de negociação.

Exemplo:

Compra do índice X ao câmbio A por 11.000.
Venda do índice X ao câmbio B por 11.010.

Devido a vantagem da tecnologia da informação, este tipo de spread geralmente é negociado hoje.

Intercontrato e margens de intracontrados (spreads)

Um spread intercontrato significa que dos futuros com especificações de contrato diferente São negociadas mutuamente. O investidor assume uma mudança nas condições básicas para os dois contratos. Um spread intracontrato significa que contratos para o mesmo futuro, mas com data de vencimento diferente são negociados mutuamente. O investidor assume uma mudança nos contratos devido a diferença em vencimento. Os exemplos a seguir diferenciam os dois contratos:

Spread intercontrato: Euro Bund Future vs. Euro Bobl Future Spread
Intercontrato: Euro Bund Future com detalhes diferentes de vencimento.

Para as duas operações, os lucros são gerados a partir da diferença absoluta. O investidor se beneficia das diferenças de preço.

Exemplo:

> Compra do Euro Bund Future com vencimento em setembro. Venda do Euro Bund Future com vencimento em dezembro.

Arbitragem "cash and carry"

O objetivo da operação de arbitragem é gerar rendimentos sem risco com base no desequilíbrio de preço. Esses desequilíbrios acontecem sempre que há uma diferença entre os preços de futuro negociados atualmente e o preço de mercado definido. Os ganhos de arbitragem são possíveis se a diferença entre a base atual e a teórica é maior. Se o futuro é muito caro comparado a valor justo teórico, o investidor vai vender esse e comprar o ativo subjacente. Isso é chamado arbitragem cash-and-carry. Se o oposto é o caso – isto é, se o futuro tiver preço baixo – o investidor vai comprar o futuro e vender o ativo subjacente. Esta operação é chamada cash-and-carry reverso Arbitragem.

> Cash&Carry → venda de titulos no mercado futuro e compra do mesmo ativo no mercado á vista
> Cash&Carry reverso → compra de titulos no mercado futuro e venda do mesmo ativo no mercado á vista

Um instrumento com ativo subjacente, como um índice, não pode ser adquirido e vendido tão facilmente como um futuro. Consequentemente, um investidor vai construir uma cesta ao comprar todos os valores com um beta de aproximadamente 1. Se o coeficiente de correlação é alto, o investidor pode emular o índice. Embora isso não será uma emulação 1:1, ele vai alcançar uma constante sintética paralela.

Exemplo:

> Construímos uma cesta EURO STOXX 50® com seguranças que têm um beta de aproximadamente 1 e um coeficiente de correlação alto e negociamos o Futuro de EURO STOXX 50® (dependendo do estado do mercado).

Os problemas dessas transações são:
* Elas envolvem os custos de transação
* As vendas naked, às vezes, são difíceis de realizar ou têm custos.
* Os títulos têm uma escolha no dia da liquidação.

Coberturas

Nos capítulos anteriores, falamos sobre as coberturas longas e curtas e no caso dos futuros que aplicam igualmente. Com uma cobertura longa (compra de um futuro), o investidor faz a cobertura contra o risco de que os preços vão subir antes do investimento planejado (t+x), enquanto que uma cobertura curta é usada para cobrir um investimento já efetivo (t–x).

Uma cobertura longa é sempre referência a um investimento que já foi aprovado, mas ainda tem que ser feito. Por exemplo, um investidor vai receber EUR 1 milhão em três meses e quer usar esses fundos para investir em ações DJ Euro STOXX 50®. Porém, sua preocupação é que o índice suba antes disso. Assim, ele compra contraltos de futuro para compensar este possível desenvolvimento. Tão logo receba os fundos líquido, fecha os contratos futuros e adquire as seguranças. Se o futuro aumentou em valor, pois o índice foi alcançado, o investidor compensou pelos rendimentos mais altos a partir dos contratos de futuros. Se o futuro diminuiu em valor porque o índice diminuiu, o investidor tem a mesma perda que teria sustentado, se investisse em seguranças desde o começo. Em outras Palavras, com esta transação, o investidor trava no preço original para o investimento.

Com uma cobertura curta, o investidor protege o portfólio existente contra a queda de preço. Ele já efetivou o investimento no mercado de spot. Como ele espera um declínio de preço que não pode prever, ele faz a cobertura contra este declínio vendendo contratos de futuros. Se os preços realmente caem, o investidor compensou assim as perdas no portfólio. Caso contrário, a estratégia de cobertura (posição de futuros oposta) vai custar custos que o investidor terão que lidar.

Hedge utilizando beta com futuro baseado em índice

Como o fator beta (β) pode ser determinado para todos os portfólios, este parâmetro é de uso ideal para cobertura. O fator beta expressa a sensibilidade de um portfólio comparado ao mercado geral.

Um investidor vai ajustar o fator beta do portfólio alinhado às expectativas de mercado. Ele assume um mercado em ascensão, leva uma ação alta no portfólio e cria uma posição longa nos futuros de base em índice. O oposto é verdade, se o investidor esperar um mercado em queda: ele vai reduzir as ações da empresa no portfólio e criar posições de futuros curtos no lugar.

Gestão de Risco

Quando falamos de gesto de risco, é indispensável deixar bem claro a que tipo de risco estamos nos referindo. Fazemos a distinção entre o risco não sistêmico associado à ligação individual e o chamado risco sistêmico ou risco de mercado total. Enquanto o risco não sistemático pode ser eliminado pela gestão ativa de uma conta de seguranças e diversificação (cf. Harry M. Markowitz, Teoria de Seleção de Portfólio, 1952), o risco sistemático está intrinsecamente presente no mercado e assim afeta todos os investimentos.

Tabela 8-2: Valores de Beta

Valor	significado
Beta (β) = 1	A ação se comporta como o mercado 1:1
Beta (β) > 1	Ação se movimenta mais que o mercado
Beta (β) < 1	Ação se movimenta menos que o mercado

Coeficiente de correlação (r)

Uma maneira de determinar se uma única ação se move com ou contra o mercado é para calcular o coeficiente de correlação. Pode ir de –1 a +1.

Tabela 8-3: Coeficientes de correlação – valores e significados

Valor	significado
r = +1 A correlação é positiva	Há uma correlação positiva
r = 0 A correlação é neutra	Não ha (ou é randômica) Correlação
r = –1 A correlação é negativa	Os desenvolvimentos são executados (absolutamente) Contrária

Cobertura beta para redução esperada do mercado

Para cobrir um portfólio, é necessário determinar o fator beta (β). Depois de fazer isso, o investidor pode criar uma cobertura beta da seguinte maneira:

$$\# \ contratos \ de \ futuros = -1 \times \left(\frac{valor \ do \ portfolio}{(nível \ do \ índice \times tamanho \ do \ contrato)} \right) \times \beta - portifólio$$

Exemplo:

Um investidor tem um portfólio com base no índice X que vale EUR 1.5 milhão O β é 1.1. O índice X fica em 6700 pontos; o multiplicador do índice para futuros de X é EUR 25 por ponto. O investidor quer cobrir este portfólio.

$= -1 \times (1,500,000 \ / \ (6700 \times 25)) \times 1.1$

$= 9,8$

Ele terá que vender 10 contratos.

Sempre que as condições mudam, o investidor vai precisar ajustar a cobertura.

Uma cobertura longa é criada de modo correspondente, com contratos sendo adquiridos em vez de vendidos.

A fórmula é a mesma:

$$\# \ contratos \ de \ futuros = -1 \times \left(\frac{valor \ do \ portfolio}{(nível \ do \ índice \times tamanho \ do \ contrato)} \right) \times \beta - portifólio$$

Por que a proteção de portifólio é realizada com futuros?

Por um lado, as transações em futuros são de baixo preço e transparentes. Por Outro, uma estratégia deste tipo pode ser implementada de modo rápido e rigoroso. Enquanto for verdade que as posições devem ser monitoradas e ajustadas continuamente, há tecnologias uteis e econômicas para isso.

Neste ponto, permita-nos algumas palavras sobre transparência de Transações de futuros. Como os portfólios nunca são compostos apenas de ativos de mercado domestico e a cobertura desses mercados geralmente não é suficiente; os futuros são um excelente instrumento para cobrir esses mercados de modo amplo e transparente. A transparência resulta do método de preço de futuros e também pela continuidade de negociação assegurada pelo Market Maker. A liquidação rápida e de baixo custo dos pedidos é outra característica importante dos mercados de futuros. Um fator negativo que, porém, geralmente preocupa somente os negócios que tratam com investidores privados é o tamanho dos pedidos negociados.

Cobertura com futuros de taxa de juros

Para criar uma cobertura contra as taxas de juros em alta ou baixa, estão disponíveis os seguintes métodos:

Método de preço-fator e nominal-valor: Usado principalmente para cobrir o CTD.

$$Factor\ de\ CTD\ =\ \frac{nominal\text{-}valor_{Atual}}{nominal\text{-}valor_{futuro}}$$

Método de duração: É usado para assegurar a compatibilidade entre a sensibilidade dos preços sobre CRD.

$$Factor\ de\ CTD\ =\ \left(\frac{nominal_{spot}}{nominal_{future}}\right) \times \left(\frac{Duração_{atual}}{Duração_{futura}}\right) \times PF_{CTD} = preço$$

Método de base-ponto-valor: É usado para determinar quanto o preço de um título vai mudar se a taxa de retorno subir ou cair em um ponto de base. Este Método é aplicado para ambos, a posição de mercado e o CTD e o put na proporção.

$$Factor\ de\ CTD\ =\ \left(\frac{nominal_{spot}}{nominal_{future}}\right) \times \left(\frac{\Delta_{spot,\ BP}}{\Delta_{CTD,BP}}\right) \times PF_{CTD}$$

As alterações no valor podem ser derivadas a partir do cálculo da taxa de retorno.

Método de regressão: É usado para determinar o grau de correlação entre o mercado de dinheiro e futuros.

$$Factor\ de\ CTD\ =\ \frac{nominal\ value_{spot}}{nominal\ value_{future}} \times RK$$

RK = coeficiente de regressão

Cobertura Cruzada

Como o portfólio geralmente vai incluir ativos para os quais não ha contrato de futuros compatíveis, os investidores geralmente são forcados a criar uma cobertura cruzada. Isso é feito ao criar as posições de futuros que definem o respectivo instrumento de spot market. Assim, os investidores podem usar as posições com tendências de mercado semelhantes para cobrir outra posição. Porém, este método funciona somente se os preços estiverem estritamente em paralelo ao outro. Isso também é verdade para portfólios que não são baseados em um ambiente uniforme de taxa de juros. Para esses, os investidores precisam de uma combinação de futuros diferentes

Dois lados da mesma moeda

Como já vimos, as coberturas oferecem uma oportunidade para modelar de modo claro e Transparente o risco remanescente presente em um portfólio; porém, por mais interessante e útil que possam parecer; eles envolvem certos problemas. Cada cobertura causa custos e gastos e mantém as coberturas dos benefícios de outras tendências de preço. Além disso, geralmente é difícil cobrir os portfólios complexos. Os investidores sempre podem tentar usar um hedge cruzado, mas mesmo assim, geralmente é impossível chegar à proteção de 100%. Por outro lado, uma pergunta legítima é se a proteção total é realmente necessária.

Exemplo:

Intenção básica do investidor:
Com base na análise do gráfico, o investidor considera o índice X a ser Em preço excessivo e completamente em excesso de compra e espera que caia.

Portfólio:
O portfólio do índice X vale EUR 1 milhão

Definição de acordo com a intenção básica:
Contratos de índice X curto, vendido a 7,000 pontos.
Tendo uma virada econômica, o índice X sobe para 150 pontos para alcançar 7150 pontos. O investidor não pode mais se beneficiar desse desenvolvimento, já que vendeu o índice X a 7000 pontos. Ele percebe a perda com as posições. Se o índice cai a tal nível devido a desequilíbrios de mercado, o investidor tem um lucro. Mas somente se o índice X cair abaixo de 7000 pontos, o nível faz o investidor ter um lucro em vez de uma perda pequena.

Este exemplo mostra como é importante para um investidor avaliar corretamente o ambiente de mercado. Se o mercado se movimenta de outra maneira, o inves-

tidor vai sofrer perdas. Como os futuros são instrumentos Delta-1, o investidor
participa imediatamente nos ganhos e nas perdas.

Resumo:
Há duas estratégicas básicas na negociação de futuros:
- futuro longo
- futuro curto
O investidor de que compra titulos futuros espera que o preço do ativo
em referência suba, o investidor que emite tais títulos (ou seja, vende futuros) antecipa uma tendência de queda. Os futuros podem ser usados
para especulação ou hedge. Ao combinar contratos de futuros diferentes, os investidores podem criar margens (spreads) ou definir estratégias
de combinação.
As estratégias de cobertura são agrupadas em dois grupos: de emissão
e de compra. Além disso, fazemos a distinção entre hedges/coberturas
fixas e dinâmicas.
Em comparação as estratégias de opção, as estratégias que envolvem futuros são mais claras e simples. Entre outras coisas, isso se deve ao ajuste
diário para ganhos e perdas.

9 Opções de futuro, estrutura sintética e combinações

Este capítulo trata das seguintes questões:
1. Como as opções de futuros podem ser mais bem descritas?
2. Como as opções de futuros são definidas e estruturadas?
3. Qual é o método de estilo de futuro?
4. Quais as estratégias que os investidores usam com opções de futuros?
5. O que é uma posição de mercado de derivativos sintéticos?
6. Quais transações de ligação e combinação são usados na prática?
7. Quais são os possíveis motivos para negócios de combinação ou relação?

9.1 Como as opções de futuros podem ser mais bem descritas?

Opções de futuros melhoram o amplo leque de instrumentos financeiros de derivativos. Ao combinar uma transação condicional com uma incondicional, oferecem uma relação entre as duas categorias.

A definição é feita por entrega física do contrato de futuros, que permite que o investidor obtenha uma oportunidade de completar seu perfil de risco (ajustando este ao nível desejado): A posição de opções permite ao investidor uma distribuição de risco assimétrico e favorável, já que tem o direito de escolha ao invés de uma obrigação. Depois de exercer a opção, o direito de escolha se torna uma obrigação, já que o contrato de futuros pertence ao grupo dos derivativos incondicionais.

As opções de futuros são particularmente comuns com futuros de taxa de juros. Entre as opções disponíveis, encontram-se por exemplo, opções de Euro Bund Future (OGBL) e o Treasury Bond Future (T-BOND) de 30 anos.

9.2 Como as opções de futuros são definidas e estruturadas?

O comprador de uma opção de futuro (como Futuro Euro-Bund) adquire o direito, mas não a obrigação, de comprar (call – chamar) ou vender (put – colocar) aquele futuro a um preço definido mediante a conclusão da transação. No caso da opção ser exercida, é fisicamente definida pela entrega do futuro: as opções que o investidor converte em futuros. Isto é, a posição de opções originais (contrato condicional) é substituído por uma posição de futuros (contrato incondicional).

9.3 Qual é o método de estilo de futuro?

Ao comercializar as opções de futuro, o prêmio da opção não é pago quando a posição está aberta, mas no curso do prazo da opção (em analogia à margem de variação), por exemplo, pela definição de perda e lucro diário.

Outro aspecto importante a ser considerado é que as taxas de juros em curto prazo afetam o preço da opção. Sempre que sobem, os prêmios são reduzidos tanto em opções de compra, como em opções de venda, a razão pela qual o prêmio representa o valor presente do lucro esperado na data de vencimento. Em conseqüência, um aumento na taxa de juros vai causar uma redução no valor presente (e, com isso, nos preços de opção).

As posições de opções são avaliadas todas as noites, com base nos preços definidos sob o sistema de margem de estilo de futuro. O procedimento é semelhante ao de futuros. O comprador de uma opção se beneficia de preços mais altos de opções, o vendedor alcança um lucro, se o preço cair.

As opções de futuros, são emitidas geralmente respeitando o padrão Americano (ou invés do europeu). O exercício prematuro não é recomendável, no geral, já que o valor de tempo será perdido. A data de vencimento dessas opções diferem da "normal", assim o portador de uma posição na qual tenha emitido a opção de futuro, ou seja, vendido a mesma, este pode decidir e responder de modo apropriado. Na maioria dos casos, as opções são definidas ao entregar o contrato mais próximo dos futuros correspondentes.

As opções de futuros correspondem as seguintes posições de futuros e são entregues da seguinte maneira:

Tabela 9-1: Visão geral das opções de futuros

Contrato de opções	Futuro
Adquire opções de compra	Aquisição Titulo Futuro
Vende opções de compra	Venda Titulo Futuro
Aquisição de opção de venda	Venda Titulo Futuro
Venda opção de venda	Aquisição Titulo Futuro

9.4 Quais as estratégias que os investidores usam com opções de Futuros?

Para os investidores manterem as posições de opção, recomendamos incluir os Futuros correspondentes referente ao portifólio em questão. Ao adicionar deliberadamente as opções de futuros, os investidores podem usar as estratégias de expansão e cobertura.

Assim, um investidor que emite posições de venda de futuros, pode criar posições adicionais com base em opções de venda de futuros e vai observar o impacto dos lucros adicionais dos prêmios recebidos. Caso as opções vençam sem valor, o investidor terá recebido o prêmio sem ter criado posições de futuros posteriores. Se, porém, a posição terminar em dinheiro, isso vai gerar posições de futuros posteriores e dará suporte a uma gestão ativa de seu portifólio.

Exemplo:

Um investidor de futuros vendeu Futuro de Euro-Bund (FGBL) a 116. Sua atitude com relação ao Futuro de Bund é negativa; ele está convencido de que as taxas de juros vão aumentar. Assim, ele quer expandir sua posição.

Como ele pode não ser completamente acertivo, nosso investidor decide expandir sua posição com opções, em vez de futuros adicionais.

Portifólio original:

100 contratos, FGBL Venda de opção de compra, preço 116.

Expandiu da seguinte maneira:

25 contratos, Venda de opção de compra, preço de exercício:116

25 contratos, Venda de opção de compra, preço de exercício:116.50

25 contratos, Venda de opção de compra, preço de exercício:117

Com essas posições, o investidor pode coletar prêmios e irá se tornar um investidor de venda de titulos futuros somente se os ativos em referencia atingirem o preço de exercício e o outro lado (investidor que adquiriu a opção de compra) exercer a opção. Assim, nosso investidor está em uma posição para diversificar o risco. Mesmo se o futuro cair em valor (já que os preços de exercício não foram alcançados), o investidor pode ter lucro a partir do prêmio recebido e também os 100 futuros emitidos abertos anteriormente. As posições de futuros são expandidas para incluir as opções, se contrárias às expectativas, o preço de futuros aumenta. A vantagem desta abordagem é que o investidor pode reduzir o preço inicial pelo prêmio recebido.

Se a atitude do investidor com relação aos futuros é somente um pouco negativa (por exemplo, certo limite inferior) – ao em torno de 114.50 – também é possível pegar posições de compensação, isto é, emitir opções de venda, com preços de exercício de 114.50 e 114.00. No caso de entrega, essas opções podem ser considerads nas posições close-out, já que representam um negócio fechado, ou seja, já coberto (de modo aceito sem uma designação close-out, mas com o mesmo efeito).

No caso se o investidor realizar um lucro de 114.50 ou 114.00 de sua posição de suas opções de venda de futuros. As opções de compra que ele vendeu vencem; a emissão de opções de venda oferecem uma contraposição. Graças às duas posições vendidas e dos prêmios arrecadados, o investidor pode aumentar os lucros. Vamos dividir esta estratégia pelo perfil de oportunidade e risco.

Livro de posição: FGBL negocia a 115.50.

Tabela 9-2: Estratégias com as opções de futuros

Número de contratos	Tipo de contrato	strike Preço	Estratégia
100	Venda de futuro	116	Origem
25	Venda de opção de compra de futuro	116	Expandir futuros Posição
25	Venda de opção de compra de futuro	116,50	Expandir futuros Posição
25	Venda de opção de compra de futuro	117	Expandir futuros Posição
50	Venda de opção de venda de futuro	114,50	Posição de futuros de capitalização
50	Venda de opção de venda de futuro	114	Posição de futuros de capitalização

A capitalização define a respectiva posição de compensação para as posições de futuros originais descritas acima.

O perfil básico é simples: a posição de venda de futuros vai gerar um lucro, se O preço dos futuros cair e alcançarmos o rendimento esperado. Contrariamente, temos uma perda se o preço de futuros aumentar.

Pela primeira expansão com a venda de opções de compra de futuros, arredondamos nossa Estratégia indiretamente, em que compramos os futuros quando o preço de exercício é alcançado. Enquanto, a primeira vista, o prêmio parece aumentar nosso ganho, realmente envolve o risco de expandir nossa posição existente. Para fazer a cobertura contra o risco, vendemos opções de venda de futuros com um preço de exercício de 114.50 e 114.00 respectivamente.

Isso nos habilita a retornar a nossa estratégia original quando os preços de exercício são alcançados; isto é, temos uma capitalização de 114 e 114.50, assim, completamos nossa estratégia e criamos outro buffer de risco com o prêmio recebido.

Quais cenários são concebíveis para esta estratégia? expandimos nossa posição de venda de futuros exercendo a opção de compra (opções de venda expiradas), assim alcançamos a posição que originalmente queremos expandir. Outra abordagem possível é exercitar as opções de venda (opções de compra expiram) e fechar as posições de futuros. Um terceiro cenário seria ainda deixar ambas opções expirarem, porém este não possuí, importância, desde que o preço de futuro não tenha sido movido de modo significativo. Em resumo, expandindo a estratégia de futuros simples, definimos a estratégia que é viável para planejar e também uma combinação bem complexa. Na prática, este tipo de relação e combinação acontece milhares de vezes por dia e conta entre as estratégias de negociação padrão.

Outra abordagem comum é a combinação de dois contratos de futuros diferentes Cobrindo, por exemplo, durações diferentes. Isso permite que um investidor tire vantagem das mudanças na curva de taxa de juros. Observe, porém, que essas estratégias são somente recomendáveis a investidores com consideráveis fundos líquidos à mão. Além de aumentar a margem, precisam poder realizar a liquidação diária de perda e ganho. Além disso, os clientes precisam ter conhecimento amplo sobre as oportunidades e os riscos, e também uma estratégia geral.

Finalmente, quando continuam com essas estratégias, é aconselhável trabalhar com os Limites e pontos de equilíbrio. Em particular, para posições que exigem monitoramento contínuo, deve ser utilizada uma estratégia de limites mútuos.

9.5 O que é uma posição de mercado de derivativos sintéticos?

As posições de mercado de derivativos descritas também podem ser emuladas sinteticamente, modelando assim o perfil de oportunidade e risco.
Juntos com as posições individuais diferentes, alcançamos assim uma nova Posição geral que deve ser visualizada como um todo. Deve-se evitar fechar somente um lado da posição.

Abaixo está uma visão geral das possíveis combinações para posições derivadas sintéticas.

Tabela 9-3: Combinações possíveis

Formulário sintético De...	Combinação de...		
	Opção de Compra	Opção de Venda	Futuro
Aquisição de opção de compra		Aquisição	Aquisição
Venda de opção de compra		Venda	Venda
Aquisição opção de venda	Aquisição		Venda
Venda opção de venda	Venda		Aquisição

Formulário sintético De...	Combinação de...		
	Opção de Compra	Opção de Venda	Futuro
Aquisição titulo futuro	Aquisição	Venda	
Venda titulo futuro	Venda	Aquisição	

Ao combinar os instrumentos de derivativos individuais, obtemos o perfil estendido de oportunidade e risco de uma transação estendida de derivativos. Isso permite que os investidores usem os componentes individuais para criar uma nova e complexa estrutura de oportunidade e risco. As combinações deste tipo devem somente ser construídas por investidores experientes.

9.6 Quais instrumentos podem ser combinados na prática?

Na prática, geralmente encontramos combinações de opções (posição straddle, strangle, etc.) e derivativos (como aquisição de opções de compra em certificados de desconto[1]).

Porém, é importante observar que quanto mais complexa for a combinação, mais confusão e dificuldade em sobreviver acontecerá com relação ao perfil resultante de oportunidade e risco.

Assim, é indispensável manter sempre o escrutínio próximo da posição e assegurar a comerciabilidade dos ativos. O maior risco dessas estratégias está na complexidade, já que as relações não podem ser reconhecidas imediatamente e devem ser documentadas separadas. A documentação rigorosa, incluindo as recomendações para possíveis abordagens, são assim de fundamental importância.

9.7 Quais são as principais razões para a combinações de instrumentos financeiros?

A utilização de estratégias combinadas podem resultar de duas intenções básicas:

* Especulação e
* Cobertura.

Em caso de especulação, o investidor vai tentar melhorar o retorno combinando o instrumento colateral do portfólio com um adicional. Isso é aconselhável, por exemplo, em mercados laterais.

O motivo para cobertura é geralmente que a posição do investidor não Foi realizada de acordo com suas expectativas. Assim, ele define uma cobertura, combinando com uma transação de derivadas. Caso aconteça que especifique um preço alvo fixo e pré-determinado; caso contrário, deve aceitar a perda resultante.

Ambas as formas de comercialização combinadas são geralmente usadas para negociações de ligação com derivativos seguros (como certificados de desconto). A intenção básica de um investidor ao expandir sua posição de derivativos seguros é criar um perfil de oportunidade adicional. Em troca para o que tenha um risco adicional, mas controlável. Ele aumenta as condições padrão do ins-

---

1 Derivativos cujos ativos de referência podem ser índices ou ações individuais

trumento de derivada seguro (conforme especificado pelo emissor) pela posição de derivativos que define. Ambas as estratégias juntas formam sua posição geral.

Posições como estas devem ser definidas somente pelos investidores que estão intimamente familiarizados com as questões cambiais, já que devem estar aptos a avaliar as transações, não somente nas derivativos tradicionais, mas também nos seguros.

Exemplo:

> Nosso investidor tem um certificado de desconto no índice X. A capitalização foi definida em 7000 pontos, o índice atualmente está em 6900 pontos.
>
> O certificado de desconto com base nos negócios do índice X a EUR 67,50. Nosso investidor acredita que a capitalização de 7000 pontos será alcançada e que O índice X vai continuar abaixo dos 7400 pontos durante o vencimento do certificado. Assim ele vende opções de compra adicional com um preço de exercício de 7400 pontos. Com um prêmio recebido, é possível aumentar imediatamente o lucro.
>
> Cenário 1: o índice passa os 7000 pontos, mas continua abaixo dos 7400 pontos. As expectativas do investidor se tornaram realidade e ele pode ter um lucro máximo.
>
> Cenário 2: o índice continua abaixo dos 7000 pontos. O investidor percebe se lucro completo a partir das opções de compra vendidas, mas somente um lucro reduzido a partir do certificado de desconto, já que a capitalização não foi alcançada.
>
> Cenário 3: o índice ultrapassa os 7400 pontos. Nosso investidor goza do lucro completo dos certificados de desconto, mas tem uma perda nas opções de compras emitidas, curto, causadas pelo prêmio recebido. Caso o índice continue tendo seu valor apreciado, será aconselhado a fechar prontamente a posição, já que as perdas potenciais pela venda de opções de compra são ilimitadas.

Conforme explicado anteriormente, a combinação resultante deve ser considerada em sua posição total. Somente se esta visualização puder ser todo o leque de oportunidades e riscos.

As combinações também são possíveis com outras derivativos seguros. Neste caso, o derivativo seguro tem outra função, que deve ser considerada adequadamente.

Resumo:

Além dos tipos tradicionais de opções e futuros, as opções sobre os Futuros são outro instrumento de derivativos para complementar o portifólio de um investidor. As opções de futuros diferem dos derivativos clássicos quanto aos prêmios pagos em "futuro": o pagamento se estende por todo o vencimento do instrumento, semelhantemente as entradas da margem de variação para futuros e posições.

Neste capítulo, também foi abordado o tema sobre posições de derivativos sintéticos. Eles são definidos pela combinação de duas posições de derivativos, resultando no perfil de oportunidade e risco de uma terceira posição. Por exemplo, ao combinar dois tipos diferentes de opções, os investidores podem emular o perfil de oportunidade e risco de uma posição de futuros.

10 Derivativos cambiais

Este capítulo trata das seguintes questões:
1. Quais são os princípios básicos do mercado de câmbio?
2. O que são derivativos cambiais?
3. O que são opções cambiais?
4. Quais são os futuros cambiais?

10.1 Histórico do mercado cambial

Depois que a conversibilidade foi suspensa em 1971 e as moedas puderam flutuar livremente, o comércio de derivativos cambiais começou a crescer. Uma razão foi que os investidores ficaram mais atentos às oportunidades e aos riscos do novo sistema monetário. Logo, a oportunidade de limitar ou especular sobre a desvalorização cambial também foi reconhecida.

Há dois tipos de transações de derivativos com base em moedas estrangeiras. Uma é a transação OTC executada pelos bancos nos centros comerciais a FOREX, esta ocorre entre bancos, mas também a favor de investidores. O outro são os instrumentos derivativos comercializados nos mercados de derivativos de futuros cambiais. Neste caso, o CME em Chicago mantém uma posição dominante. Os dois tipos de derivativos cambiais são amplamente usados hoje, com os negócios de OTC sendo usados principalmente para hedging/coberturas enquanto os futuros monetários servem como um veículo para as especulações.

10.2 Algumas informações básicas sobre o mercado de câmbio

Neste ponto, gostaríamos de fazer uma breve excursão pelo mundo do mercado cambial. O termo câmbio (foreign Exchange – FX) se refere às moedas estrangeiras em cheque. Em contraste, o dinheiro vivo é considerado como "notas e moedas estrangeiras". O termo mercado cambial denomina a troca de moedas.

```
                    ┌─────────────────────────┐
                    │         Câmbio          │
                    └─────────────────────────┘
                      │                     │
        ┌─────────────────────┐   ┌─────────────────────┐
        │   Cotação direta    │   │   Cotação indireta   │
        └─────────────────────┘   └─────────────────────┘
```

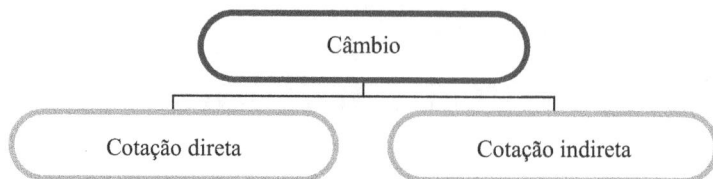

Figura 10.1: Tipos de cotação para câmbio

Do ponto de vista de um economista, isso funciona como regulador entre duas economias com moedas diferentes.

A taxa de câmbio é definida como o preço (em moeda nacional) a ser pago por uma determinada moeda estrangeira. Também é conhecida como cotação direta ou de preço. O oposto é a cotação indireta, com o preço da moeda nacional cotada na moeda estrangeira.

Em geral, o euro é cotado indiretamente com relação a todas as moedas. A única exceção é a libra esterlina (GBP), que sempre é cotada com relação ao Euro. No princípio, porém, ambas as cotações são possíveis, desde que representem somente perspectivas diferentes.

Enquanto as transações em FX devem ser atendidas e consumadas em dois dias úteis, no mercado de derivativos de FX há um intervalo de tempo. A realização não acontece imediatamente depois do acordo entre as partes, mas em certo período, que deve ser considerada como período de derivado cambial.

10.2.1 O mercado de negociações cambiais á vista

Em negociações imediatas (spot trading), o objeto comercializado (neste caso, o câmbio), muda a preços fixos e é entregue e recebido em dois dias uteis depois da execução da transação. Essas negociações em que a execução é imediatamente seguida pela realização são feitas todos os dias sem qualquer consideração especial. Elas não estão sujeitas a qualquer obrigação em particular e são vistas e tratadas como qualquer negociação imediata de segurança. Entre outras coisas, isso significa que o investidor deve ter os fundos líquidos necessários disponíveis para realizar a transação. O preço de definição, que é a taxa de câmbio da transação de negociação imediata, é chamado de taxa de câmbio á vista, ou "spot rate". É possivel negociar no mercado de câmbio nos dias úteis, e a entrega do mesmo (data de vencimento), não pode ser aos finais de semana ou feriados.

10.2.2 Negociações de derivativos cambiais via bancos

Primeiramente, vamos verificar quais são os principais instrumentos de derivativos cambiais disponíveis. Um investidor pode vender ou comprar posições futuras no Mercado cambial tendo o banco como seu parceiro commercial, ou seja, o contrato sera fechado entre este investidor e o banco. Este tipo de negociação, normalmente é baseada em ativos de referência e tem como principal objetivo construir ou expandir um hedge. Muitas empresas utilizam este tipo de produto para efetuar hedge de posuições de importação ou exportação contra as variações nas cotações de moedas estrangeiras, criando desta forma uma base sólida para o calculo de seus ativos e passivos. Dependendo do nível de especificação ou customização destes contratos, estes são chamados opções ou futuros tipo OTC. Como este tipo de contrato representa um contrato especifico entre duas partes, não parece provável que este seja facilmente transferido para terceiros.

O principal objetivo dos investidos (normalmente pessoas juridicas) é efetuar a cobertura de seu portifólio contra variações nas cotações de moedas estrangeiras, e desta maneira estas negociações tem como base uma carteira já existente. Isto significa que elas referem-se a um ativo, como um contro de importação e exportação.

Apenas em poucos casos este tipo de transação é utilizado para fins de especulação, embora isto seja completamente viável.

Exemplo:

Um empreendedor espera receber 1 milhão de USD em 6 meses. Ele deseja fixar a taxa de câmbio deste recebimento contra do euro. Para realizar esta cobertura, ele pode optar por uma das seguintes alternativas:

1.   Empreendedor pode vender 1 Mio USD;

2.   Empreendedor pode vender 1 Mio USD contra EUR, e tomar um empréstimo de 1 Mio UDS e manter este até receber o pagamento esperado.

Ambas negociações possuem o mesmo efeito – o que é esperado, caso contrário, transações com arbitragem sem risco seriam possíveis.

10.2.3 Determinando a taxa de câmbio

$$Forward\ rate = spot\ rate \times \frac{1 + \left(r_G \times \dfrac{T}{B_G} \right)}{1 + \left(r_Q \times \dfrac{T}{B_Q} \right)}$$

Onde:

T = número de dias

R_g = taxa de juros, p.a. em decimais, moeda base

R_q = taxa de juros, p.a. em decimais, moeda meta

B_G = base de cálculo para moeda base (360 ou 365)

B_Q = base de cálculo para moeda meta (360 ou 365)

Considerando que os parceiros de negócios fazem cotação em preços dos dois lados, temos a seguinte fórmula;

$$Forward\ rate_{bid} = spot\ rate_{bid} \times \frac{1 + \left(r_{bid,\,G} \times \dfrac{T}{B_G} \right)}{1 + \left(r_{ask,\,Q} \times \dfrac{T}{B_Q} \right)}$$

$$Forward\ rate_{ask} = spot\ rate_{ask} \times \frac{1 + \left(r_{ask,G} \times \dfrac{T}{B_G} \right)}{1 + \left(r_{bid,Q} \times \dfrac{T}{B_Q} \right)}$$

Onde:

T = número de dias

R_g = taxa de juros, p.a. em decimais, moeda base

R_q = taxa de juros, p.a. em decimais, moeda meta

B_G = base de cálculo para moeda base (360 ou 365)

B_Q = base de cálculo para moeda meta (360 ou 365)

10.2.4 Transações de derivativos cambiais

O câmbio tem duas funções essenciais, não somente para os derivativos cambiais, mas também para todos os outros derivativos. Ele pode juntar as duas partes que querem concluir uma transação e/ou assegurar a liquidez para o mercado sob o sistema criador de mercado. Assim, o câmbio funciona como mediador entre as duas partes com metas opostas.

Distinguimos entre as opções de câmbio e os futuros.

10.2.5 Determinando a Taxa de Câmbio

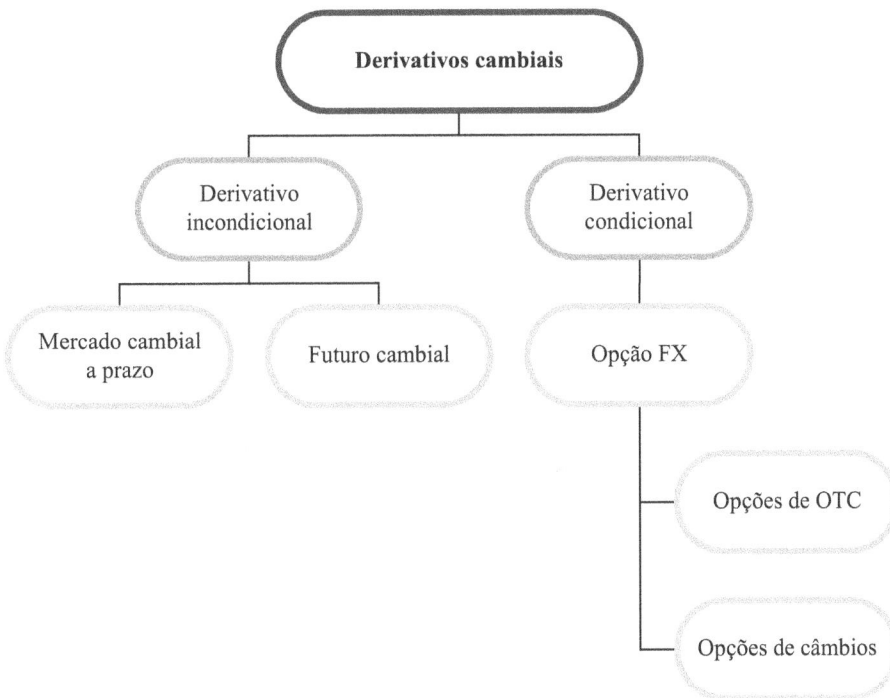

Figura 10.2: Derivativos cambiais

10.2.6 Transações de derivativos cambiais em Bolsas

Em alguns casos, onde um par de moedas não pode ser negociado imediatamente, uma taxa cruzada deve ser calculada. Este é o caso no yen japonês (JPY) e do franco suíço (CHF). Primeiro o JPY é cotado com o Euro, depois o Euro é cotado com o CHF. A taxa de câmbio resultante é a chamada taxa cruzada, já que as moedas são negociadas "cruzadas". Na prática, uma taxa cruzada não apresenta um problema, já que é calculada pelas divisões de câmbios dos bancos e as contas dos clientes são ajustadas de acordo.

10.2.7 Resumo – Derivativos cambiais

* Volume de resultado e transações de capital
* Nível da taxa de juros
* Taxa da inflação Crescimento econômico
* Câmbios em moeda
* Tendências na atividade econômica
* As políticas econômicas de governos e bancos. Crises, conflitos, intranqüilidade política
* Lobby por partes internas e externas
* Influências de mercado psicológicas, como resignação, rumores, confirmações, anúncios, eleições, etc.

10.3 O que são derivativos cambiais?

A diferença entre a taxa a vista e a taxa de juros futura do câmbio depende da diferença nas taxas de juros entre as duas moedas. No princípio, um investimento em uma moeda deve render os mesmos retornos que a segunda, e como os retornos também são efetivos pelas taxas de juros diferentes nos dois mercados, essas diferenças devem ser ajustadas pelas taxas de câmbio. Isso também significa que os investimentos sem risco em uma moeda estrangeira vão render os mesmos retornos que os investimentos em moeda nacional: a moeda é o fator de convergência.

Se a taxa de juros fixa futura for maior que a taxa a vista, falamos de um report. De modo contrário, um deport é um desconto na taxa de juros fixa. De acordo com o teorema de paridade de juros, a diferença da taxa de juros entre as duas moedas é chamado de taxa de swap (juros).

10.3.1 Taxa de swap – Derivativos Cambiais

Como a taxa de swap é calculada?

1. Determinar a atividade da taxa de juros para a moeda nacional

$$Taxa\ de\ juros\ de\ atividade\ interna = \left(1+r \times \left(\frac{Duração\ (dias)}{360}\right)\right)$$

Onde r = taxa de juros nacional

2. Determinar a atividade da taxa de juros para a moeda estrangeira

$$\frac{Taxa\ de\ juros\ de}{atividade\ internacional} = \frac{1}{K_1} \times \left(1+r_1 \times \left(\frac{Duração\ (dias)}{360}\right)\right) \times Taxa\ futura$$

Onde:
K_1 = taxa a vista
r_1 = taxa de juros de moeda estrangeira

A partir daí, derivamos o seguinte:

$$\frac{Taxa\ de\ juros\ de}{atividade\ interna} = \frac{1}{K_1} \times \left(1+r_1 \times \left(\frac{Duração\ (dias)}{360}\right)\right) \times Taxa\ futura$$

Onde:
K_1 = taxa a vista
R = taxa de juros nacional
R_1 = taxa de juros estrangeira

Assim, a fórmula para a taxa de juros fixa é a seguinte:

$$\left(1 + r \times \left(\frac{Duração\ (dias)}{360}\right)\right) = \frac{1}{K_1} \times \left(1 + r_1 \times \left(\frac{Duração\ (dias)}{360}\right)\right) \times Taxa\ futura$$

$$Taxa\ de\ juros\ futuros = K_1 \times \left[\frac{\left(1 + r \times \left(\frac{Duração\ (dias)}{360}\right)\right)}{\left(1 + r_1 \times \left(\frac{Duração\ (dias)}{360}\right)\right)}\right]$$

Onde:

K_I = taxa a vista
r = taxa de juros nacional
r_I = taxa de juros internacional

Na prática, isso é simplificado da seguinte maneira:

$$Taxa\ Swap = \frac{K_1 \times Z \times Duração\ (dias)}{360}$$

Onde:

K_I = taxa a vista
Z = diferença da taxa de juros entre as moedas

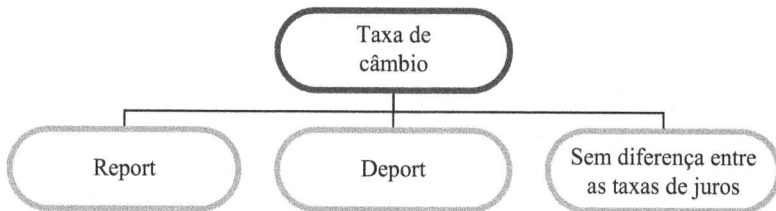

Figura 10.3: Possíveis diferenças de taxa de juros entre duas moedas

De acordo com o mencionado anteriormente, há três diferenças concebíveis de taxa de juros:

Taxa de juros de contra-moeda > taxa de juros da moeda base = report
Taxa de juros de contra-moeda < taxa de juros da moeda base = deport

10.4 O que são opções cambiais?

Novamente, faremos a distinção entre as opções OTC, que são negociados de modo individual e anônimo, e as opções tradicionais, como forma padronizada e negociada ao câmbio. A vantagem é que um investidor pode dar a forma exatamente como precisa. A desvantagem é que estas são úteis somente para aquele investidor em particular e uma revenda é quase impossível. As opções padrão e exótica podem ser negociadas.

Como as opções baseadas em ativos, as opções de moeda padronizadas (como são negociadas, por exemplo, no CME), resultam das mesmas intenções básicas. Um contrato EUR/USD na CME foi padronizado no valor de 62.500,00 EUR. A maior vantagem destes contratos esta na sua alta liquidez e rápida negociação nestas bolsas de derivativos.

O comprador de uma opção de moeda adquire o direito, mas não a obrigação, de comprar ou vender certo valor em moeda estrangeira em uma data pré-definida e a um preço pré-definido. Por este direito, ele paga um prêmio opcional ao emissor (vendedor da opção).

Um investidor que adquire uma opção de compra supõe um mercado em alta, um investidor que vende uma opção de compra conta com mercado em movimentacao lateral ou levemente em queda. O comprador de uma opção de venda espera um mercado em queda, o vendedor, um mercado com movimentação lateral ou levemente em alta.

O comprador tem o direito de escolher (por isso, o termo "derivado condicional") e, em troca, paga um prêmio ao vendedor, que passa para um emissor de opção e assume o risco associado. Enquanto o comprador pode, no máximo, perder o capital empregado (pelo prêmio), o vendedor, em teoria, está exposto a um risco ilimitado.

As opções monetárias também estão categorizadas em opções de estilo americano e europeu. O prêmio de opção é determinado da mesma maneira descrita para opções de equidade no Capítulo 4. Como nesse caso, o investidor pode usar um derivado offsetting para ajudar a eliminar as obrigações inseridas.

Contrário as opções padrão, os contratos de opções exóticas – que envolvem direitos diferentes – são acordados individualmente entre as partes contratantes e permitem combinações ilimitadas.

10.5 Quais são os futuros cambiais?

O CME em Chicago, um exemplo de bolsa que oferecem futuros cambiais, oferece uma ampla variedade deles. Esses futuros estão padronizados como altamente líquidos. O futuro clássico EUR/USD (EC) tem um valor contratual de EUR 125.000 e está entre os contratos negociados mais frequentemente. Os futuros são negociados como em um relógio (CME GLOBEX) e podem ser empregados de modo individual e rápido.

A função é comparável a de outros futuros. Há dois tipos básicos – de subida e queda – e dependendo da atitude do investidor, um futuro cambial vai ser comprado ou vendido. Como a liquidação no vencimento é feita por entrega física, muitas posições de futuros são fechadas prematuramente ou sofrem "roll over" no último dia de negociação.

Exemplo:

Nosso investidor espera que o EUR suba com relação ao USD. Devido a esta opinião, ele compra 10 futuros de EUR/USD (EC) em CME. Caso as expectativas se tornem realidade e o euro suba com relação ao dólar norte-americano E o dólar caia com relação ao Euro, o investidor terá um lucro, e vice-versa.

Embora os 10 contratos tenham um valor total de EUR 1.250.000, nosso investidor vai precisar somente levantar a margem inicial para esta posição. Assim, é possível criar uma posição cambial flexível e de baixo custo.

10.5.1 Possíveis aplicações

Como os derivativos cambiais permite negociação rápida e de baixo custo, eles são usados para cobertura e especulação. Os grandes investidores fazem suas apostas em uma suposta movimentação de mercado da moeda em questão. Ao fazer isso, é aconselhável definir limites já que as moedas se movimentam muito rápido, às vezes, da noite para o dia.

Geralmente esses instrumentos são utilizados para complementar as posições de derivativos existentes, como Euro-Bund Futures. Porém, é possível também fazer um pouco de apelo como posições individuais. Em particular, em momentos de rápidos investimentos globais, uma gestão profissional de portfólio e livros de posição não será possível sem eles.

10.5.2 Intenções básicas de um investidor

Exatamente como outros tipos de negociação, os derivativos cambiais são conduzidos por três motivos básicos.

Cobertura
Cobertura tradicional contra as expostos a seguir flutuações cambiais podem resultar de necessidades de ativos diferentes – como:
- Transações de importação-exportação
- Manter os preços para os investimentos planejados
- Proteger os portifólios existentes (segurança, commodities, etc.) Manter os fluxos de pagamentos de futuros.

Especulação
O investidor especula uma mudança suposta nos preços nos mercados cambiais. Essas especulações são independentes de um negócio subjacente e o único objetivo é gerar rendimento adicional. Porém, há perdas potenciais, as quais os riscos devem ser analisados. Se a aposta do investidor for errada e a taxa cambial se movimentar para outro lado, ele vai sofrer uma perda que não pode ser compensada por uma transação de subjacente.

Não obstante, essas posições completam a carteira de investimentos do cliente, já que a combinação com futuros de base em índice e os futuros de taxa de juros oferece um veículo de investimento adicional. Isso também é verdade para uma combinação com futuros de commodities, que podem Também ser utilizadas para fins especulativos. Devemos acrescentar que os futuros cambiais são tão facilmente negociáveis quanto os futuros com base em índice.

Especulação em spread ou pares de moedas
Um investidor que está especulando turnos entre diferentes pares de moedas relativos a cada um pode formar combinações que reduzem parcialmente o perfil

do risco. Porém, ao mesmo tempo há um perigo de que o risco vai aumentar exponencialmente se as combinações forem definidas em série em vez de fazer a compensação de cada uma.

Resumo:

No mercado cambial, há dois tipos de negócios: as transações à vista e as de derivativos. A última está agrupada em contratos individuais entre os investidores e as divisões de negócios de taxas de câmbio dos bancos e os derivativos negociados em bolsas (opções e futuros).

Se um derivativo cambial tiver um prêmio de preço em comparação ao preço à vista, falamos de um "report"; um possível desconto é chamado de "deport". A diferença entre as duas moedas é chamada de taxa de swap.

Uma negociação com alta liquidez e agilidade em derivativos cambiais é assegurada pelos futuros cambiais padronizados. São utilizados tanto para fins de cobertura quanto especulação.

11 Negociação de futuros de commodities

Este capítulo trata das seguintes questões:
1. Quais são os futuros de commodities e como eles diferente das transações à vista de commodities?
2. Quais commodities são elegíveis para negociação de futuros?

11.1 Transações de Commodities no mercado futuro vs. mercado à vista?

Os contratos de futuros de commodities diferente de uma transação (ou spot) a vista de commodities tradicional, não oferece o ativo em referência para entrega mediante execução do mesmo, mas sim, posterga esta entrega para uma data futura. Assim, não é raro celebrar um contrato de futuros quando as commodities subjacentes não estão disponíveis e/ou ainda não foram produzidas. O tipo de contrato de futuros, também chamado "arquétipo" de câmbio de futuro, pode ser considerado o primeiro veículo de negociação e, como o tempo, se tornou um instrumento no estabelecimento de câmbios de futuros como conhecemos hoje. O motivo básico para celebrar este tipo de transação usado é espalhar o risco e/ou a compra de bens de terras distantes. De uma maneira bem simplificada, esses câmbios já existiam antigamente. Hoje, os mercados de câmbios de futuros mais importantes podem ser encontrados nos EUA. Entre eles, mencionamos o CME em Chicago e NYMEX em Nova York, que resultou de uma fusão de câmbios de produtos lácteos menores. Atualmente, uma grande parte de todos os contratos de futuros de commodities são negociados na NYMEX, como o maior câmbio de futuros do mundo. É considerado como o último bastião do capitalismo puro. Hoje em dia, a maioria das transações são feitas com uma mentalidade estritamente especulativa e a grande maioria de posições são fechadas prematuramente. Em contraste, as transações a vista presumem a entrega e a aceitação em praticamente 100% dos casos.

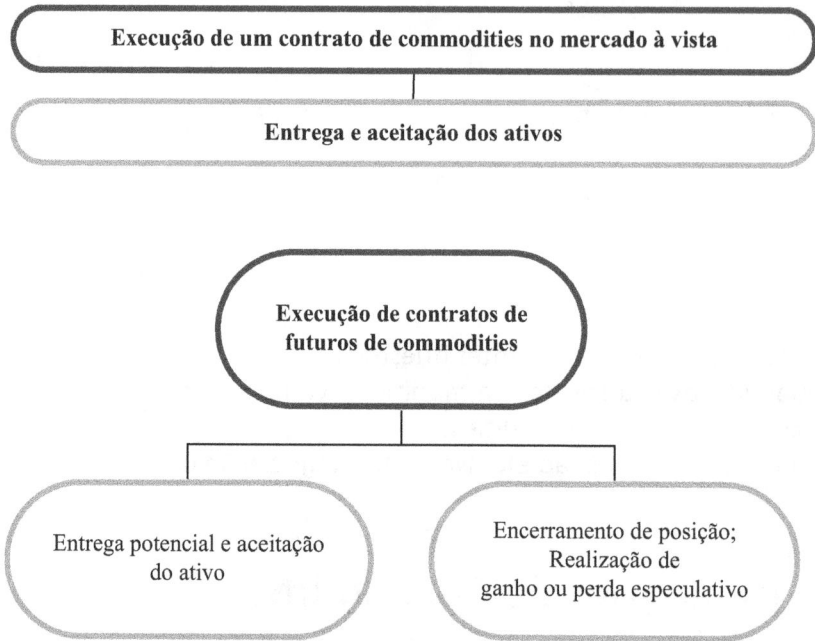

Figura 11.1: Mercado à vista e contratos de futuros

As commodities negociadas em mercados abertos, são principalmente compradas e vendidas em forma de futuro. Ainda no princípio, vamos encontrar ambas as formas de derivativos, contratos a prazo (elaborado individualmente e bilateral) e os futuros (padronizados e negociáveis), com o último, garantido a negociação contínua e ordenada e a possibilidade de uma transferência a terceiros. Alinhado com o foco deste livro, vamos focar nos futuros que, na prática, são precedentes as opções.

11.1.1 Futuros de commodities

A estrutura de um contrato de futuros de commodities espelha-se em futuros de índice ou ações, com todas as estipulações de execução estabelecidas no momento da compra. Como com os demais futuros, a expectativa de um investidor que adquire este titulo futuro é uma tendência de mercado em alta, enquanto que o investidor que vende tal posição espera um declínio das commodities em referência.

11.1.2 Abertura e fechamento das posições e liquidações

Como mencionado anteriormente, um grande número de contratos de futuros de commodities são encerrados antes do vencimento, alinhados com o caráter estritamente especulativo. De modo simultâneo, como com um futuro de índice, uma negociação offsetting pode liberar o investidor da posição assumida e as obrigações associadas. Se um contrato de futuros não for encerrado antes do vencimento, ele deve ser realizado completamente.

Tabela 11-1: Abertura e fechamento dos futuros de commodities

Abertura	Encerramento
Aquisição de titulo futuro	Venda de titulo futuro
Venda de titulo futuro	Aquisição de titulo futuro

Com uma grande variedade de necessidades do investidor, há futuros de commodities que oferecem para entrega física ou liquidação a vista.

Vamos tratar primeiro da entrega física. De acordo com este cenário, os bens mudam de titularidade ou são trocados. Este tipo tradicional e original de liquidação é o preferido, por exemplo, por empresas que querem processar os bens adquiridos ou contemplar a revenda (como adequar os instintos de um negociador de commodities).

Com um aumento no número de especuladores que ingressam em negociações de futuros, ficou comum – principalmente nos últimos dez anos – oferecer liquidação a vista além da entrega física. A razão é obvia. Um investidor negociando somente com expectativas da movimentacao de preço de commodities vai prefe-

Figura 11.2: Modos de liquidação

rir claramente a liquidação a vista à entrega física, já que quer unicamente tirar vantagem do desenvolvimento do mercado.

O fechamento prematuro funciona exatamente como com os futuros de índice. A diferença é paga a vista. Se o investidor fizer e/ou aceitar a entrega, provavelmente encontrará todos os tipos de dificuldade, já que envolveria definir a necessidade e a infraestrutura intensiva de custo, e também comprar e vender os bens, dependendo de um tipo particular de futuro.

Exemplo:
> Se o investidor comprou um futuro de gás natural de Henry Hub e permitir a entrega, ele precisaria transportar os produtos dos EUA. Isso seria totalmente impraticável e, na verdade, é impossível para a maioria dos investidores.

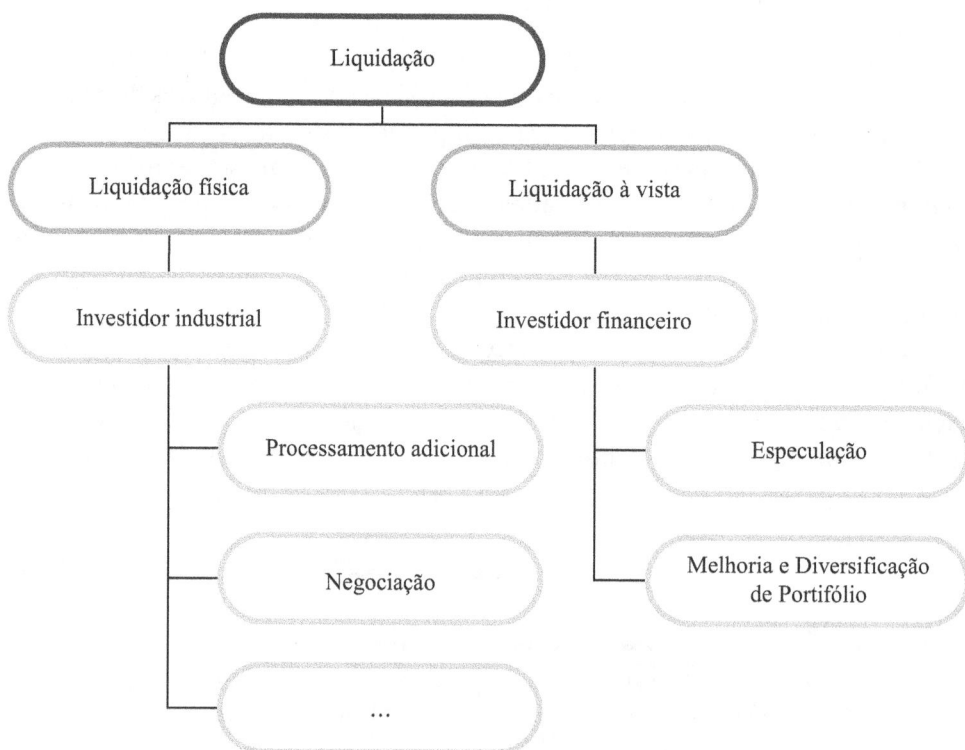

Figura 11.3: Modos de liquidação e aplicação

11.1.3 Aplicação de vários modos de liquidação

Claro, na prática, pode ocorrer uma sobreposição, devido principalmente à negociação simultânea de investidores industriais em produtos com liquidação à vista.

11.2 Quais commodities são elegíveis para negociação no mercado de futuros?

Em princípio, os contratos de futuros podem ser firmados para todas as commodities. Na prática, as seguintes commodities são as mais comuns:

O diagrama acima mostra de modo bem simplificado os complexos do produto abertos para negociações de futuros. Um dos produtos negociados mais for-

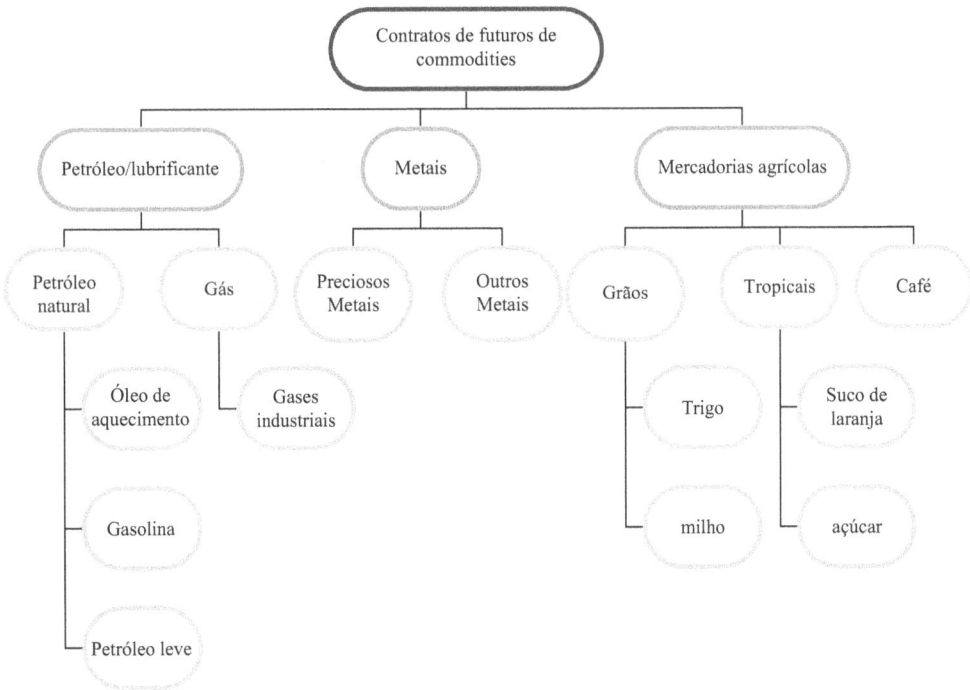

Figura 11.4: Tipos de negociação de futuros de subjacente de commodities

temente é o suco de laranja altamente concentrado e congelado (FCOJ). No processamento, o suco é reduzido a um sétimo do volume na extração dos aromas, a ser reinjetado após o processo de redução. O concentrado é então congelado para armazenagem. A restauração do suco acontece ao derreter o xarope e adicionar um pouco de água e açúcar. Devido à forte demanda mundial, FCOJ tem um alto volume de negociação. Os investidores de um ponto devem considerar que a negociação de derivativos atuais se refere à colheita de anos futuros, os aumentos consideráveis no preço podem resultar de doença, catástrofes ambientais ou problemas na colheita, enquanto que a abundancia na colheita ou um colapso da demanda do consumidor vai diminuir os preços.

A negociação em mercadorias agrícolas aumentou extremamente nos últimos anos; em particulares, os derivativos de açúcar e milho foram negociados ativamente já que ambos servem para ração para gado e para a produção de etanol. Mesmo os investidores particulares estão aptos a investir nesses complexos por outros derivativos (ex.: opções de put e call).

11.3 Execução de contratos de futuros de commodities

Na Alemanha, somente os maiores negociadores de futuros e alguns bancos com experiência relevante podem negociar futuros em câmbios. Muito poucas instituições de crédito têm um portifólio de futuros de commodities em sua carteira. A maioria iniciou rescentemente o processo de estabelecer e criar este tipo de investimento. Os contratos de futuros de commodities são oferecidos apenas oferecidos esporadicamente (a maioria para clientes institucionais) para coberturas e Diligencias de especulação. Esta situação é devida às restrições reguladoras. Somente a partir do novo "princípio I" (emitido pelo Escritório Federal de Regulamentação de Serviços Financeiros), surgiu à força que os bancos puderam se dedicar na negociação de futuros.

Outro ponto importante é que os futuros de commodities são mais negociados por instituições e investidores profissionais. O mercado está virtualmente fechado para investidores privados por razões de liquidez insuficiente nos ativos. Por isso, eles utilizam produtos de alavancagem tradicional ou certificados de estoque para participar na negociação de futuros de commodities. Esses derivativos seguros são emitidos por grandes instituições que certificam os direitos associados e fazem nova embalagem dos instrumentos de derivativos em um tamanho administrável para investidores particulares. No final, porém, esses produtos são de estrutura semelhante aos contratos de derivativos negociados em câmbios tradicionais.

Uma tendência bem definida surge aqui: Os investidores particulares preferem derivativos seguros (a partir de um emissor), enquanto os investidores profissionais forçam e expandem suas posições em derivativos tradicionais.

11.3.1 Quando um investidor deve realizar transações de futuros de commodities?

Enquanto esta questão deve ser respondida de modo específico para cada investidor individual, há alguns pré-requisitos básicos que devem ser atendidos:

* A intenção de um investidor em negociação de futuros deve ter ativos líquidos suficientes para manter e dar suporte a suas posições.
* A proficiência e o conhecimento da questão são igualmente cruciais, já que o mercado de derivativos é como um playground e uma negociação em queda pode rapidamente fugir de controle, com custos altos e conseqüências desagradáveis.
* Em terceiro lugar, a disponibilidade de sempre sentir o mercado e ter as últimas informações disponíveis. Sentir o mercado significa que o investidor pode monitorar suas posições diariamente. O mercado de derivativos se movimenta na velocidade da luz, assim, além disso da vigilância constante, o acesso contínuo as fontes de informação objetivas é fundamental. Além disso, a realidade de fusos horários diferentes pode interferir, já que a maioria dos mercados de futuro está localizada nos EUA ou em outro lugar. Os investidores precisam ter certeza de que seus pedidos podem ser realizados, transmitidos a negociação e executados corretamente.

Esses pontos, essenciais para uma negociação, são de fundamental importância e devem ser claramente entendidos.

Como é possível concluir, a negociação de futuros de commodities é recomendada somente para investidores profissionais, já que apenas eles conseguem ter lucros de modo consistente. Os investidores particulares são melhores com os derivativos seguros.

11.4 Desenvolvimento do mercado de futuros

Observando os mercados em expansão e seu rápido desenvolvimento, percebemos uma grande negociação de oportunidade no domínio das negociações de futuros de commodities. É quase concebível para os futuros de commodities crescer em um veículo de investimento estratégico n Alemanha e ser negociado em câmbios de futuros. Outra possibilidade é a introdução dos índices com base em commodities em que são negociados os futuros. Como a demanda vai determinar o fornecimento, e não o contrário, deve ser somente uma questão de tempo antes de começar a ver uma negociação viva dos futuros de commodities – e assim, como é normal em outras partes do mundo, principalmente nos EUA.

Resumo:
Para muitos investidores, negociar em futuros de commodities é excitante, embora os riscos sejam altos. A negociação de futuros geralmente serve como cobertura dos produtos de futuros existentes em suas carteiras de investimento, mas também para fazer apostas na volatilidade do preço nos mercados. Em transações de futuros de commodities, distinguimos entre as mercadorias agrícolas e mercadorias pesadas (aço, minério de ferro, petróleo). Há alguns anos, a aposta em commodities vem se expandindo. Desta forma, o mercado criou a possibilidade de liquidação à vista dos contratos, além daqueles fornecidos para entrega física.

12 Preço e fatores que influenciam em negociações de futuros de commodities

Este capítulo trata das seguintes questões:
1. Como o preço de futuros de commodities é determinado?
2. Quais fatores podem influenciar no preço e como as mudanças nesses fatores Afetam o preço?

12.1 Como os preços para futuros de commodities são determinados?

Como indicado anteriormente durante a discussão sobre futuros de índice, o preço justo do futuro depende do instrumento de marcado spot e o custo de transporte (custo de financiamento). Diferente de um contrato de futuros financeiros, outro fator a ser considerado é o gasto com seguro e depósito. O gasto com armazenagem vai continuar fora do desenho somente quando um produto (ex.: bens vivos) não puderem ser armazenados. Os custos de financiamento vão aumentar quando os custos tradicionais (como de armazenagem) fizerem a equação e vão reduzir quando os rendimentos intermediários forem realizados. Esse último não é tão simples, quando se trata de commodities. Enquanto um estoque vai render dividendos que podem ser registrados como rendimento intermediário, as commodities estão sujeitas a um esquema de preço diferente em que o chamado rendimento de conveniência é fatorado, que pode resultar no aumento ou na queda dos custos de transporte. Se o rendimento de conveniência subir acima do custo de transporte, resultando em um aumento, o futuro será negociado abaixo do preço spot atual ou, como chamamos, com "atraso na entrega (backwardation)". Em comparação, se os custos de transporte ultrapassam o rendimento de conveniência, o futuro fica mais caro que o preço spot: É negociado com "contango".

12.1.1 Preços para futuros de commodities

Tabela 12-1: Relação entre dinheiro e preço de futuro

Futuros de commodities			
Preço à vista	<	Preço futuro	**Contango**
Preço à vista	>	Preço futuro	**Backwardation**

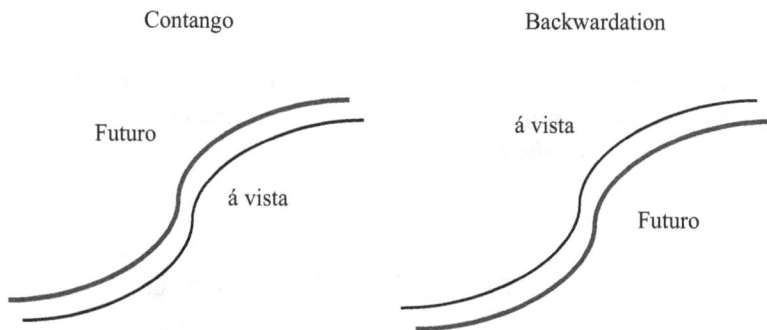

Figura 12.1: Contango e backwardation

Aqui, precisamos distinguir se o rendimento de conveniência calculado aumenta ou reduz os custos de financiamento. A importância desta questão será discutida nas seções seguintes:

12.1.2 Como os preços são determinados

O rendimento de conveniência é o lucro do investidor enquanto detém o ativo fisicamente, e não seu respectivo derivativo. Os ativos do consumidor, não são uma entidade que pode ser quantificada diretamente e pode ser derivado da estrutura do futuro. Como conseqüência, nem todos os futuros possuem uma curva de rendimentos quando calculado seu valor justo.

Na presença de um rendimento de conveniência, o valor justo pode ser calculado pela seguinte fórmula:

$$F_0 = K_0 \times \frac{(1+i+L)^t}{(1+y)^t}$$

Onde:

F_0 = valor justo

K_0 = preço à vista

I = custo de armazenagem (líquido)

i = taxa de juros sem risco

y = rendimento de conveniência

t = vencimento durante os anos

O rendimento de conveniência pode ser descrito na equação abaixo:

$$F_0 \times (1+y)^t = (K_0 + L_0) \times (1+i)^t$$

Os gastos de depósito também podem ser expressos como a taxa proporcional em armazenamento I, que dá:

$$F_0 \times (1+y)^t = K_0 \times (1+i+L)^t$$

O rendimento de conveniência define assim o grau ao qual o lado esquerdo da equação excede o lado direito; é a projeção positiva da desigualdade.

Para falar em termos que não sejam matemáticos, podemos dizer que y representa a incerteza esperada pelos participantes do mercado devido a fatores como, por exemplo, falha na colheita. Em linguagem simples, indica a redução real de commodities. Se alguém supuser um fornecimento abundante, y terá um valor pequeno ou não terá nenhum valor. Em caso de fornecimento em excesso, -y será desconto.

Como mencionado, os cálculos de preço em futuros de commodities são semelhantes aos futuros de índice:

> Preço futuro:
> preço da commodity + (custo financeiro + custo de estocagem) – curva de conveniência

Assim, a questão complexa descrita anteriormente pode ser representada em uma equação simples.

12.1.3 Qual problema apresentado por uma cotação "contango"

A resposta está no próprio assunto. Um investidor que adquiriu um futuro de contango também pagou um prêmio sobre o valor básico. O contango vai causar uma perda, se o preço à vista continuar estagnado ou flutuar só o mínimo. Se o contrato for renovado para o próximo mês da série de contango, a perda potencial vai aumentar, como indica o gráfico a seguir:

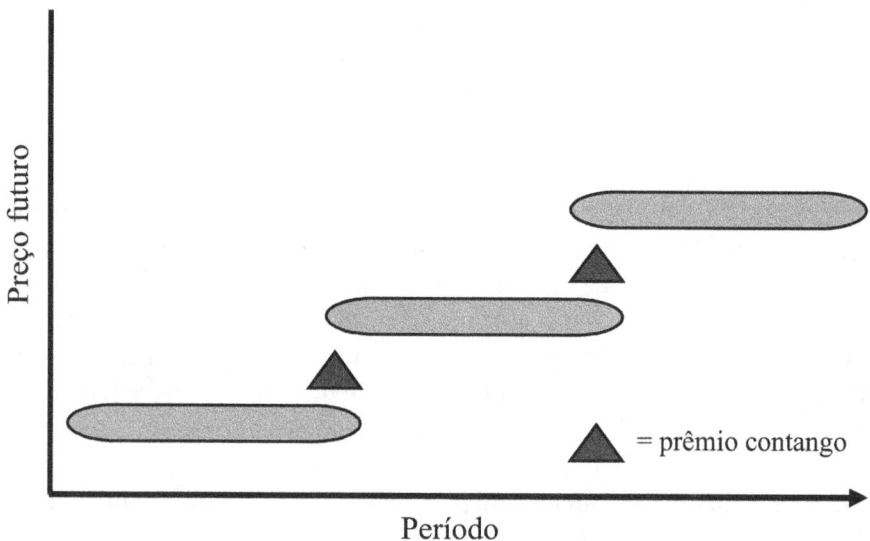

Figura 12.2: Problemas de contango inerentes nas posições de futuro

Na prática, um contango pode estar entre 15–20% em um ano. Os investidores devem estar atentos ao fato de que somente se o valor do contrato original subir acima do contango, eles vão ter lucro. Obviamente, certas condições de mercado podem permitir alcançar mais rapidamente, ganhos mais eficientes. Não obstante, esses fatos associados devem ser considerados em qualquer modelo de avaliação.

Isso também é verdade para o outro lado da moeda: Backwardation

12.1.4 Negociação de futuros

Ao negociar futuros de commodities, os investidores devem observar algumas coisas que não são relacionadas aos futuros de índice.

Enquanto o calendário de negociação para futuros de índice geralmente passa para os três meses seguintes, os futuros de commodities têm vencimento mensal (geralmente por um período de muitos anos), que vai beneficiar muito a negociação líquida. Assim, a qualidade do instrumento subjacente está especificada nos detalhes do contrato. por exemplo, o futuro de petróleo cru doce negocia somente o petróleo doce com conteúdo de enxofre de 0,42% e uma viscosidade relativa de 37–42° API. As especificações detalhadas do contrato deste tipo são fundamentais para assegurar a consistência do produto. Isso é principalmente importante para o petróleo com muitos graus de qualidade; mas com outras commodities, a ênfase também é nos contratos de futuros base em padrões de qualidade uniforme. No açúcar, por exemplo, diferenciamos entre os no. 11 e n° 14.

12.1.5 Estocagem e armazenamento

Outro fato exclusivo à negociação de futuros de commodities é a questão da disponibilidade de estocagem/armazenagem. Os metais preciosos e petróleo são fáceis de armazenar, o oposto a mercadorias agrícolas e produtos vivos (gado e porcos). Como conseqüente, é fundamental se familiarizar com o tamanho do estoque e o local de armazenagem disponível antes de comprometer um investimento.

Neste momento, o estoque de metais básicos é baixo devido à demanda pesada na Ásia. Isso abre uma oportunidade de lucro com preços mais altos adiante. Uma tendência de mudança trazida por uma alteração na capacidade de armazenamento deve ser considerada de modo circunspecto. Se, por exemplo, as instalações para armazenagem de café forem varridas por um furacão, como aconteceu em Nova Orleans, isso vai ter um impacto enorme nos preços de todos os futuros negociados no momento.

12.2 Quais fatores podem causar impacto no preço?

É obvio que os mercados de futuros de commodities estão aptos a passar por altas mudanças de preço e vão responder imediatamente com eventos externos. Os eventos a seguir podem disparar um movimento no mercado:
* Números de fornecimento e demanda
* Dados de produção (reais)
* Relatórios do tempo e alterações climáticas
* Catástrofes naturais
* Falhas e infestações da colheita
* Programas de subsidio
* Guerras, embargos e catástrofes, encargos de importação
* A taxa de crescimento econômico de um país
* Criação do estoque, etc.

Essas influências potenciais têm tanto risco e oportunidade e é fundamental para os investidores estarem bem com essa questão. Eles devem estar familiarizados com todos os fatores de contribuição pertinentes a um futuro específico e poder avaliar o impacto. Igualmente fundamental é o acesso instantâneo a fontes relevantes de informação: Um investidor com futuros de café, por exemplo, deve ter as últimas e melhores informações a mão. É aí que o espaço entre os investidores privados e institucionais é óbvio: As instituições tem informação ampla e atualizada com alcance (por causa das Capacidades de rede), enquanto que a maioria dos investidores particulares passam a buscar informações com fontes diversas. Nos próximos anos, veremos uma mudança aqui, já que os investidores privados com dinheiro vão aumentar o compromisso dos fundos nesta arena e vão passar para uma nova classe de player de mercado.

Como dito anteriormente, as mercadorias agrícolas atenderam a demanda mais pesada nos últimos anos. Isso volta, entre outros, para as mudanças que estão acontecendo na nossa sociedade. Por exemplo, agora, o mundo passa por um boom no consumo de café. "Café para viagem" é um slogan universal e mesmo na terra dos sorrisos, o café agora é apreciado com grande popularidade – embora os chineses sejam conhecidos apenas como apreciadores do chá. Então, entra um "gigante do sono" no estágio de negócios internacionais. Vamos citar outro exemplo: açúcar O que parecia ser apenas um agente adoçante agora é uma importante fonte de energia. Como um aditivo na produção do etanol, tanto o açúcar como o milho atingiram demandas astronômicas.

Atualmente, a demografia da sociedade ainda mostra uma preponderância do novo contra o velho. Mas isso vai mudar drasticamente em um futuro não muito distante, que também vai afetar nossos hábitos de consumo. Os aumentos nos padrões de vida individuais vão adicionar valor à demanda por novos produtos. Como conseqüência, os preços para esses produtos vão aumentar, resultando em alteração de prioridades: Enquanto os futuros de café e suco de laranja foram motivo de zombaria no passado, investir neles é de importância fundamental. A beleza dos mercados de futures está no fato de que as oportunidades de lucro resultam tanto do aumento quanto da queda de preços, assim sempre ha oportunidade de investimento. Um pré-requisito é ficar afinado com a tendência predominante e investir adequadamente. Por mais simples que pode parecer, tornar isso verdade não é fácil assim. Como os futuros de commodities são um instrumento transparente e direto, as estratégias lucrativas, mesmo para negociação entre dias, Surgem.

12.3 Coletando informações

Como definido acima, na negociação de futuros de commodities, a disponibilidade de informação é de fundamental importância. Mesmo que tenha um bloqueio para muitos investidores. Somente aqueles com acesso a fontes de informação confiáveis e consistentes podem desenvolver estratégias confiáveis e consistentes em longo prazo. Igualmente importante é a avaliação adequada da informação – principalmente na negociação de futuros de commodities. A análise de um especialista e também pungente é indispensável. Afinal, não muitos especialistas em derivativos poderão interpretar um relatório especializado em uma colheita de café corretamente.

Se investir com uma abordagem ampla, provavelmente você vai falhar. Ao contrário, por uma análise de parâmetros técnicos e fundamentais é uma etapa inicial necessária na configuração de uma estratégia viável. Recomendamos também selecionar instrumentos, a negociação e eliminação do que está totalmente em sincronia com o outro. Ao mesmo tempo, os investidores não devem nunca perder de vista um exercício ou atribuição possível de contrato e compilar a análise de custo-benefício (líquido). Se uma transação de futuros de commodities parece estar muito acima do preço, devido a sua complexidade inerente e execução específica, é preciso abster disso. O princípio fundamental deve ser: Deve haver uma proporção segura de exposição ao risco e lucro potencial.

Resumo:

A negociação em futuros de commodities é tão antiga quanto o câmbio de futuros. O investimento em futuros de commodities é regido por diferentes fatores daqueles das transações de futuros financeiros. Deve-se prestar atenção se o futuro de commodities é contango (mais alto que preço á vista) ou backwardation (mais baixo que preço á vista).

Outra questão importante é o modo de liquidação: recomendamos escolher futuros com liquidação em dinheiro para fins de especulação.

13 Estratégias com futuros de commodities e futuros de moeda

Este capítulo lidará com as seguintes perguntas:
1. Quais estratégias estão disponíveis no setor de futuros de commodities?
2. O que são combinações de moeda estrangeira e transações de futuros de commodities?
3. Quais estratégias estão disponíveis para negociação de futuros em moeda estrangeira?

13.1 Estratégias comuns ao mercado de futuros de commodities

O mercado de futuros de commodities é encarado como a última muralha do capitalismo. É o mercado onde todas as coisas são negociadas que mantém o mundo fornecido. No entanto, como é que um investidor espera lucrar com estes investimentos?

Como em todos os outros tipos de derivativos, encontramos três tipos de intenções básicas:
- Hedging
- Arbitragem
- Especulação

13.1.1 Hedging com instrumentos de futuros de commodities

A premissa básica para o hedging de um comércio de commodity é a existência de uma transação comercial. Ou nós compramos ou vendemos mercadorias. Para proteger essas transações comerciais, entramos em posições de futuros. A mais simples das posições de futuros pode compreender um hedge com um contrato de futuros. Se queremos nos proteger do aumento dos preços no complexo de metais básicos, decidiremos comprar um contrato de futuros. Se os preços se elevarem como esperado, esta compra vai nos compensar o Delta resultante. Se os preços estagnarem, o contrato de futuros resultará em uma perda que deve ser realizada em cheque, que pode muito bem requerer uma tomada de decisão de uma fração de segundo. Outra possibilidade é a de adquirir uma opção (contra a posição), que é bastante aceitável no contexto de estratégias de hedge, já que os preços das matérias-primas inibem fortemente os cálculos precisos de custo-benefício. Agora, o hedge nos proporcionará um nível de previsibilidade ao olhar para a frente. Com estratégias de hedge, devemos decidir sobre se queremos assegurar as transações em curso, ou fechar o preço de uma transação futura. Em ambos os casos, a previsibilidade é o fator decisivo.

Apesar de as estratégias tradicionais com opções de venda de posição comprada ou futuros vendidos são ideais para o hedge de uma posição atual, posições compradas e futuras a longo prazo são necessários para o hedge contra o risco do aumento de preço de futuros (pela compensação para eles).Essas estratégias são adequadas, se um investimento é contemplado no futuro e os fundos necessários estão escassos no momento.

13.1.2 Especulando com instrumentos de futuros de commodities

Uma premissa completamente diferente fundamenta na expectativa de subida ou de descida dos preços de commodities: essas não estão ligadas a uma transação comercial principal, mas são apenas apostas na geração de um fluxo adicional de renda. Um futuro serve para especular ou em uma tendência de alta ou de baixa de preço, sem qualquer outro objetivo. Nosso investimento é exclusivamente voltado para a movimentação do preço de uma commodity.

Exemplo:

Um investidor acredita que o preço do suco de laranja está uma pechincha, e espera grandes perdas na colheita devido ao mau tempo. Como uma diminuição na oferta sugere o aumento dos preços, o nosso investidor compra um futuro de SLCC. Se a tendência de preços confirma as expectativas de nossos investidores, ele realizará um lucro. Por outro lado, uma perda resultará em caso de diminuição dos preços por outras razões.

O investidor, como declarado, aposta na movimentação dos preços e aceita a exposição ao risco, já que sua intenção fundamental não é a de cobrir uma transação comercial, e sim que sua motivação é pura especulação, que, no entanto, deve ser precedida por uma análise minuciosa.

Uma grande parte dos contratos futuros de commodities é de natureza estritamente especulativa. A maioria é exercida por meio de liquidação em dinheiro, em vez de entrega física.

13.1.3 Arbitragem com instrumentos futuros de commodities

Uma terceira opção é a arbitragem de commodities. O investidor compra um bem a câmbio X e, simultaneamente, vende a câmbio Y. A diferença resultante (margem) representa o seu lucro ou perda. Um comércio simultâneo em dois câmbios limita o risco de sua parte.

13.1.4 Margem de lucro em comércio de futuros de commodities

O investidor define uma margem, a fim de lucrar com as diferenças de preços. Ele venderá o aparentemente superfaturado contrato e comprará o de menor preço. A diferença entre os dois negócios, como com qualquer margem, é o seu lucro pré-definido. A discrepância no movimento do preço dos dois contratos lhe permite embolsar um lucro.

Essas estratégias são complementares para as principais estratégias e servem para estimular o mercado. De certa forma, elas mantêm o mercado em equilíbrio.

Investidores que ativamente negociam em uma base diária nas bolsas, constantemente buscam novas posições e fecham as antigas. Gostaríamos de reinterar que as posições não são mantidas até o vencimento (ou seja, a validade), mas são liquidadas e substituídas por outras.

13.2 O que são combinações de moeda estrangeira e as transações futuras de commodities?

Combinações de futuros de moeda e commodities são frequentemente encontrados em negócios com base em uma transação comercial. Não só eles darão proteção aos investidores contra mudanças no preço da commodity, mas também ajudarão a proteger contra flutuações na moeda base, principalmente o dólar americano.

Exemplo:

Nosso investidor planeja fazer uma compra de cobre de US$ 10 milhões, mas precisa ter o metal em mãos em um período de apenas seis meses apenas. Uma vez que o negócio será executado nos próximos seis meses e nosso investidor antecipa a subida dos preços, ele comprará um futuro comprado de cobre. Ao mesmo tempo, ele espera que o dólar americano valorize acentuadamente em relação ao euro, ele está ansioso para se proteger contra tal valorização. Ele venderá futuros de euro/dólar de valor correspondente contra a transação comercial prevista. Se o desenvolvimento esperado da moeda estrangeira se materializa, nosso investidor estará protegido contra uma desvalorização do euro em virtude de sua futura moeda estrangeira. Ao mesmo tempo, o futuro comprado de cobre o protege contra um preço mais elevado do cobre. Ambos os componentes lhe dão uma medida previsível de proteção e garantia para o futuro.

Obviamente, a busca de proteção global até o último dólar não seria sábio. Proteção contra potencial perda deve ser mantida dentro dos limites razoáveis. É claro que a premissa básica deve ser para ficar em conformidade com as condições do mercado, ou então todo o negócio de busca de proteção seria inútil.

13.3 Quais estratégias são comuns nos negócios de futuros de moeda?

13.3.1 Estratégias de hedge

Um investidor pretende realizar um hedge contra a desvalorização de sua moeda local. Então este investidor venderá um futuro de sua moeda em relação a uma moeda estrangeira, e realizará um lucro quando a desvalorização prevista ocorrer.

Exemplo:

> Nosso investidor espera receber 10 milhões de dólares americanos daqui a três meses. Já que o dólar americano é a sua moeda nacional, ele deseja se proteger contra uma desvalorização do euro e, para este fim, vende futuros de euro. Esta transação é equivalente a uma venda de euros e simultânea uma compra do dólar americano, permitindo que o investidor equilibre qualquer diferença dada.

Estratégias de hedge com futuros de moeda são empregados principalmente pelos investidores para proteger grandes transações comerciais, que lhe permitem atingir previsibilidade em seus planos e cálculos.

Apostar em moeda estrangeira é uma questão completamente diferente. Neste caso, a aposta é baseada apenas em uma mudança de moeda em relação à outra. Negociações do tipo são feitas de modo independente das transações comerciais para qualquer outra finalidade que não a de gerar lucros.

Exemplo:

> Nosso investidor antecipa que o euro desvalorize em relação ao dólar, o que o leva a vender futuros de euro. Ao fazer isso, ele adquire sinteticamente dólares. Com o declínio do euro e aumento correspondente no dólar, o investidor irá lucrar e, no caso contrário ele sofrerá uma perda.

O exemplo ilustra como as perdas potenciais de uma transação local (carteira de obrigações) podem ser compensadas pela tomada de medidas de proteção como aqui descrito.

13.3.2 Estratégias de especulação

Esta estratégia envolve a aposta em uma mudança no preço de duas moedas em relação de uma com a outra, de preferência através de um futuro FX negociados em bolsa. Se um investidor antecipa preços mais altos ele vai comprar um futuro, e venderá um futuro caso ele antecipe uma queda na moeda. O futuro FX é o instrumento de escolha para a especulação monetária por causa de suas características rápidas e de baixo custo, que permite que ele seja executado.

Exemplo:

Nosso investidor espera que o dólar americano desvalorize em relação ao euro e assume uma posição de venda em futuros de Euro (análoga a uma compra de dólar futuro). Seu julgamento é confirmado quando o euro começa a desvalorizar contra o dólar americano, assegurando--lhe um lucro. No entanto, se o euro se valorizar em relação ao dólar, ele sofreria uma perda. Em qualquer caso, o investidor participará na movimentação dos preços na base de 1:1, conforme o contrato futuro é um Instrumento Delta 1.

Resumo:
A fim de garantir o gerenciamento eficaz de uma carteira em conjunto com as posições atuais de futuros, é essencial manter o controle, aderindo a estratégias claras. Isso vale em especial para os futuros de commodities, futuros em moeda estrangeira, o hedge de transações comerciais, e negócios de natureza especulativa. Quando for realizado o hedge de uma transação comercial, recomenda-se fazê-lo em relação a ambos, a commodity e a moeda base.

14 Derivativos não negociados em bolsa

Este capítulo trata das seguintes questões:
1. O que é swap?
2. O que são opções de Swaps e Swaps de Taxas de Juros?
3. O que são opções exóticas?
4. O que é um contrato futuro?

14.1 Derivativos não negociados em bolsa

Neste capítulo, aborda os derivativos não negociados em bolsa.

Estes são contratos negociados individualmente entre as partes interessadas e, portanto, não padronizados (acordos bilaterais financeiros individuais). Conforme explicado nos capítulos anteriores, somente derivativos padronizados podem ser facilmente transferidos para outras partes através de negociações em bolsa de valores. Os contratos a serem discutidos são usados para especulação (a médio e longo prazo) ou para proteger uma negociação subjacente, e geralmente integram a carteira de investidores profissionais / institucionais. Nas seções seguintes iremos descrever alguns exemplos.

14.2 O que é uma Swap?

De um ponto de vista puramente formal, uma swap é um acordo financeiro bilateral de um fluxo de pagamento entre duas partes. Ou melhor, uma troca "swap") de fluxos de pagamento é acordada, juntamente com o valor nominal e as condições contratuais.

Visto que somente os fluxos de pagamentos são trocados, uma questão importante é a credibilidade das partes contratuais, pois esta constitui uma parte integrante do risco.

Parte 1 ⟶
Ex. Banco   *Fluxo de pagamento*   Parte 2
                                      Ex. cliente

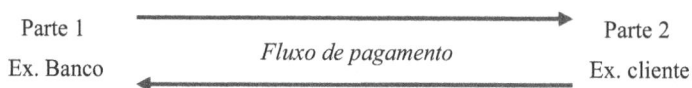

Figura 14.1: Swap

Podemos distinguir entre quatro diferentes tipos de swaps:
• Swap de taxa de juros
• Swap de moeda
• Swap de índice de ações
• Swap de Commodity.

14.2.1 Swap de taxa de juros

As partes em uma swap de taxa de juros fazem acordo sobre a troca de fluxos de pagamentos com base em um valor nominal fictício, por exemplo, taxas de juros variáveis podem ser trocadas por taxas de juros fixas. Falamos de um swap pagador, se o cliente paga a taxa de juro fixa e de um swap receptor, se o cliente recebe a taxa fixa, enquanto um swap de base envolve uma troca de duas taxas de juros variáveis. Em termos de volume negociado (cerca de EUR 50 trilhões) o mercado de swaps é maior que o mercado de títulos. Esta ordem de grandeza enfatiza ainda mais a importância destes instrumentos para operadores de hedges e especuladores.

Tabela 14-1: Designação de swaps de taxa de juros

Parte da taxa de juros	Designação
Taxa de juros fixa	Swap pagador
Taxa de juros variável	Swap receptor

Em termos simples, pode-se dizer que um swap de juros é algo comparável a troca de um título com taxa de juros fixa contra um título de taxa de juros variável (flutuante). No caso de um swap, no entanto, a compensação é baseada em fluxos de juros em vez de valores nominais. Após o fechamento do acordo o swap tem valor igual a zero, caso contrário, uma parte teria que compensar a outra. O pagador supõe que as taxas de juros, ou vão subir mais rápido ou cair mais lentamente que o esperado pelo mercado, e paga a taxa de juros fixa fora desta convicção. Se suas expectativas se tornarem realidade ele terá lucro – se isso não ocorrer, ele vai terá prejuízo e o receptor, como sua contraparte, terá lucro.

Assim, podemos ver que inteligência de mercado é indispensável se você quiser ganhar dinheiro com swaps.

Deve se entrar em acordo nas seguintes condições antes de fechar um swap:
* Prazo
* Início do prazo
* Valor nominal
* Pagador e receptor do juro fixo
* Taxa de Swap
* Taxa de juro de referência
* Intervalos de pagamento
* Prazo da taxa de juros

14.2.2 Swap de moeda

Esta é uma troca de duas moedas diferentes. O Swap pode referir-se a diferença da moeda ou o valor nominal.

14.2.3 Swap de índice de ações

Aqui, a troca se baseia no desempenho de dois índices.

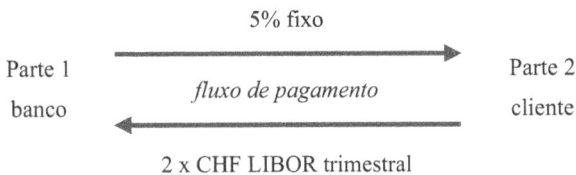

Figura 14.2: Exemplo de um swap

14.2.4 Swap de commodity

Em um swap de commodity, os fluxos de pagamentos são trocados com base no desenvolvimento de valores de commodities.
Independentemente do tipo de swap, existem as seguintes variáveis:

- Fixo / fixo
- Fixo / variável
- Variável / variável

Exemplo de um swap:
Um swap tem base em uma negociação em um ativo de referência. Assim, sua finalidade é de proteger outro fluxo de pagamento, como uma obrigação de crédito. O swap permite que o cliente mantenha as taxas de juros constantes, transferindo seu risco de taxa de juros para a outra parte.

No exemplo acima mencionado, o cliente troca o risco de taxa de juro fixa por um risco variável, na forma do CHF Libor trimestral. Ele tem lucro, se a taxa de juros fixa é maior que a taxa variável que tem que pagar ou prejuízo, se esta for inferior. Assim, o investidor aposta que a taxa de juros variável não vai subir, e não vai atingir o limite de 5 por cento da taxa de juros. Ele pode usar esta posição, por exemplo, para montar posições de proteção de crédito (segurança de juros) vinculadas à negociação subjacente (contrato de crédito).

Exemplo de um swap com um crédito como negócio subjacente.

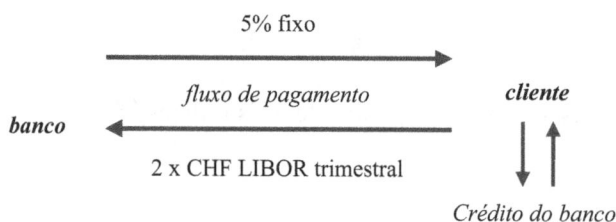

Figura 14.3: Exemplo de um swap com um crédito como fator subjacente

14.2.5 Negociações de swap

Swaps abertas, negociáveis permitem que as partes que assumiram um risco (como os bancos) passem o risco para outras partes. Se um cliente deseja executar um swap (permuta de mercadorias), ele deve aumentar o preço de mercado, pois os swaps são sempre avaliados com base na situação atual.

Na teoria, e em um mercado perfeito, um swap receptor tem sempre o mesmo valor que um título de taxa fixa, menos o valor da apólice flutuante. Em outras palavras, o swap expressa a diferença entre o valor descontado da taxa de juros fixa e o valor descontado da taxa de juros variável no tempo t = 0. O valor do swap pagador é igual ao valor negativo do swap receptor.

14.2.6 Taxas de juros variáveis

As taxas de juros variáveis sugeridas pelos swaps têm base nas taxas de juros de referência Euribor (Taxa interbancária do mercado em Euro) e Libor (Taxa Interbancária do mercado em Londres). As partes podem concordar com termos diferentes de pagamento: Na prática, é muitas vezes acordado que os pagamentos sejam semestrais ou trimestrais, em vez de apenas uma vez por ano.

14.2.7 Quando e como aplicar os swaps

Os swaps tradicionais estão vinculados às negociações subjacentes, e são utilizados para proteger estas ou especular uma maior margem de lucro.

Os motivos mais comuns são estes:
* Manter as taxas de juros
* Gestão de crédito
* Modificações no balanço
* Proteção aos riscos da moeda e da taxa de juros Negociações do diferencial
* Explorar fontes de financiamento
* Tirar proveito da moeda global e conjunto de taxa de juros Manter os lucros
* Tirar proveito de créditos de fornecedores, sem enfrentar qualquer risco cambial
* Diversificação nas carteiras de títulos e proteção contra flutuações das taxas de câmbio.

Isso mostra que construir e fazer transações bem sucedidas com um swap requer excelente percepção e conhecimento do mercado.

14.3 O que são opções de swaps e Garantia de Taxas de Juros?

14.3.1 Opções de swaps

Uma Swaptions é uma opção em um swap. Ao pagar um prêmio o comprador adquire o direito, mas não a obrigação de entrar em uma negociação de swap pré-definida com o vendedor, cujos termos foram acordados ao fechar o negócio.
     É especificado o seguinte:
* Vencimento de opção e termo de swap
* Moeda
* Preço de exercício
* Valor nominal
* Pagador e receptor
* Prazo da taxa de juros
* Intervalos de pagamento
* Modalidade de liquidação

Como podemos ver, os investidores podem usar uma opção para garantir que um swap vença em uma data posterior. Este tipo de operação é útil se uma determinada negociação adicional for iminente e o investidor temer que os termos dessa negociação vão mudar a seu desfavor. O titular da posição comprada está então preparado para pagar um prêmio ao investidor de curto prazo. Se ele optar não exercer a opção, ele vai sofrer uma perda equivalente ao prêmio pago (ver opções negociadas em bolsa). O emissor recebe o prêmio e assume as obrigações da contra parte do swap.

14.3.2 Garantia de Taxas de Juros

Outro produto interessante é a garantia de taxa de juros. Esta é uma opção em um acordo de taxa a termo (taxa de juros de futuro não-padronizada), que dá ao comprador (compra) o direito de comprar ou vender a uma taxa de juros pré-definida. As garantias das taxas de juros tem sempre transação no estilo europeu, o que significa que não podem ser exercidas até o fim do seu vencimento.

14.4 O que são opções exóticas?

As opções exóticas não são negociadas em bolsa (como derivativos condicionais), mas representam acordos financeiros bilaterais. São negociadas individualmente entre as partes contratantes, e, portanto, não são padronizadas. Elas oferecem às partes a possibilidade de incluir outros termos contratuais. Ao contrário das opções tradicionais, onde o padrão de pagamento depende principalmente do preço subjacente, os esquemas de pagamento para opções exóticas podem ser muito diferentes e, entre outras coisas, incluir vários preços de exercício (chamadas de opção arco-íris).

Assim como as opções tradicionais, as opções exóticas incluem uma opção de compra (direito de comprar) e de opção de venda (direito de vender). Como opções de mercado de balcão, elas não são negociadas na bolsa de derivativos, mas acordadas individualmente entre departamentos de negociação dos bancos e/ou partes contratantes.

As opções exóticas são particularmente importantes para os emitentes de derivativos securitizados, visto que são usados para projetar e construir produtos estruturados para os investidores de varejo. Consequentemente, um crescente mercado para derivativos securitizados permite que o mercado de derivativos exóticos continue crescendo também. Devido à sua construção, os emissores podem oferecer perfis de risco-retorno muito específicos com custos mais baixos de proteção e as taxas de participação mais elevadas (para o produto estruturado). Na maioria dos casos, os produtos estruturados são concebidos através da combinação de um produto derivativo (ou um contrato derivativo construído) com um cupom zero, ou com base somente no produto derivativo. Cupons zero são predominantemente utilizados para produtos de garantia.

14.4.1 Que tipo de opções exóticas existem?

Conforme mencionado anteriormente, as opções exóticas são opções que são projetadas individualmente, adicionando ou removendo componentes individuais (direitos). A maioria dessas opções é exclusivamente negociada por investidores profissionais. Nas seções seguintes, vamos delinear alguns exemplos.

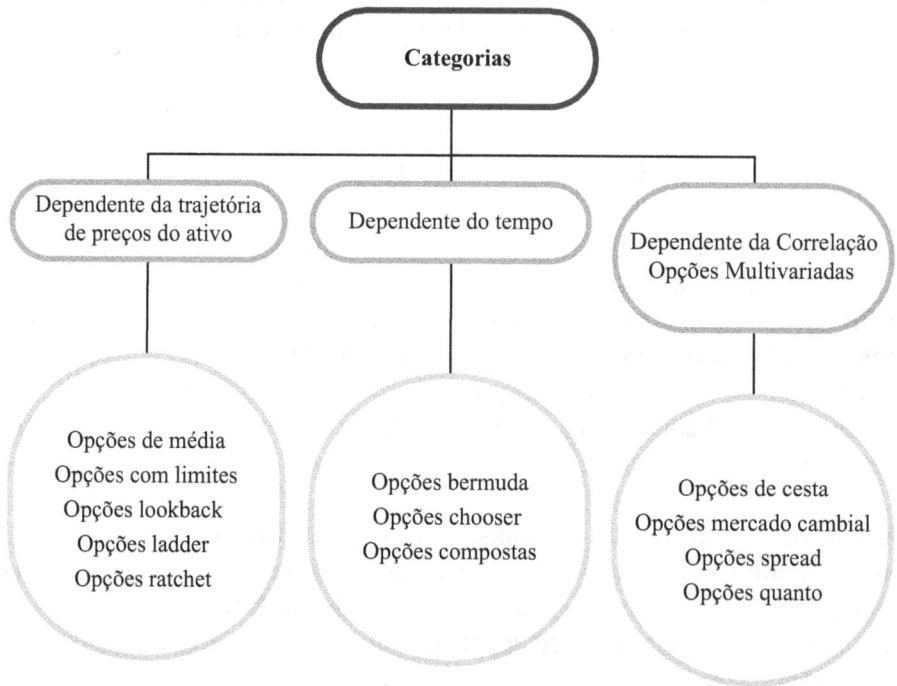

Figura 14.4: Visão geral das opções exóticas

Entre outras coisas, é possível distinguir entre opções com limite, opções digitais e opções range.

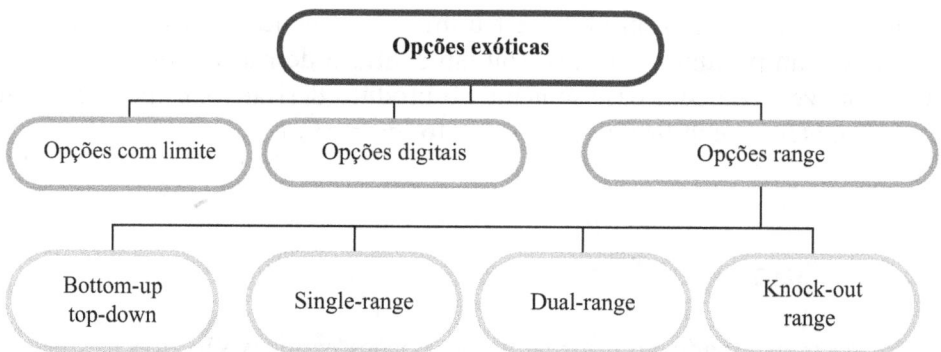

Figura 4.5: Tipos de opções exóticas

Podemos distinguir entre dependente da trajetória de preços do ativo, dependente do tempo, e as opções de dependentes de correlação ou multivariada, e entre pagamento de uma só vez e pagamento de um regime específico. Um exemplo para isso são opções alavancadas que tornam várias vezes o seu valor intrínseco sobre reembolso, e um valor exponencial na expiração.

Opções com limites

Opções com limite são opções que são ativadas ou expiram quando o subjacente atingir, exceder ou cair abaixo de um preço pré definido. Como esses limites podem ser acima (up) ou abaixo (down) do preço subjacente atual, há oito formas possíveis de opções com limite. Todas podem ser emitidas tanto como opções do tipo europeu ou americano.

Tabela 14-1: Opções Knock-In / Knock-Out

Evento	Knock-in (a opção é ativada)	Knock-out (a opção expira)
Acima do ativo de referência	Opção de compra/venda acima e ativada	Opção de compra/venda acima e expira
Abaixo do ativo de referência	Opção de compra/venda abaixo e ativada	Opção de compra/venda abaixo e expira

O valor intrínseco de uma opção com limite é igual ao de uma opção padrão, desde que a opção ainda exista ou foi ativada. Em princípio, as opções knock-out e knock-in estão com preços mais baixos que as opções padrão e, portanto, oferecem maior potencial de lucro. Estas opções surgiram porque houve uma forte demanda para proteção de baixo custo. Outra vantagem de opções com limite é a possibilidade de incluir um elemento de devolução do dinheiro. Além disso, o limite pode ser definido dinamicamente (opção com limite dinâmico), por exemplo, definindo o nível de knock-out ou knock-in de EUR 100 para o primeiro ano e EUR 110 para o segundo. Se o nível de knock-out for adicionalmente vinculado a um determinado período de tempo, falamos de "opções de Paris". Uma variante possível poderia ser, por exemplo, que o preço subjacente deve permanecer abaixo do nível de knock-out por quatro semanas seguidas. Produtos deste tipo podem ser considerados um típico exemplo das opções exóticas.

Limite Knock-out: Se o limite é atingido no curso do vencimento da opção a opção imediatamente expira sem valor.

Limite Knock-in: Após o pagamento do prêmio a opção ainda não está ativa. Em vez disso, ela é ativada quando o limite é atingido (durante o vencimento da opção), e será tratada como qualquer outra opção padrão.

Opção Reverse Knock: Falamos de opções reverse-knock se qualquer movimento no subjacente venha a aumentar a probabilidade do limite ser atingida, e a opção aumentando o valor. Com essas opções o limite será sempre dentro do dinheiro (in the money).

Vantagens das opções com limite: o prêmio a ser pago é muito menor que para as opções padrão. Ao mesmo tempo, o produto permite proteção correta e precisamente correspondente à situação esperada do mercado.

Desvantagens das opções com limite: os investidores precisam de um plano alternativo caso a opção expire e nunca volte a ativar. Assim, é necessário continuar monitorando a opção.

Opções digitais

As opções digitais (por vezes também referidas como opções binárias) envolvem o pagamento de um montante pré-definido, se o preço do subjacente for superior ou inferior ao preço de exercício acordado. Novamente, essas opções estão disponíveis como, tipo europeu ou americano.

São chamadas "digitais", porque eles são exercidos no sistema digital – ou seja, 0 ou 1. Normalmente, estes tipos de opções são combinados com outros tipos e, em seguida, geram um padrão de pagamento específico.

Opções one-touch e double-touch assim como no-touch e double-no-touch são normalmente mantidas até o vencimento e pagas na data da entrega.

Opções one-touch e double-touch instantâneas envolvem o pagamento imediato caso o preço de exercício seja atingido.

Com compras e vendas digitais no estilo europeu, o gatilho é apenas relevante na data de vencimento.

Opções Range

O preço das opções range dependem de como um ou vários ativos subjacentes se movem dentro dos limites pré-definidos.

Existem as seguintes possibilidades:
• De baixo para cima/de cima para baixo
• Singe range
• Dual range
• Knock-out range

Opções Bermuda

A opção Bermuda é uma opção com vários pontos a serem exercidos. Se não for exercida em um ponto, o direito de exercer desloca-se para a próxima data pré-definida. Uma opção Bermuda implica algum tipo de direito duplo, pois os pontos restantes a serem exercidos não expiram até que a opção seja exercida.

Opções Chooser

O titular das opções chooser pode escolher em uma data pré-definida se a sua opção é de compra ou venda. O preço de uma opção chooser aumenta a medida que aumenta a volatilidade, enquanto o nível de preço atual do subjacente é de menor preocupação. Assim, as opções chooser são um excelente instrumento para definir estratégias de volatilidade. Investidores tiram proveito do aumento da volatilidade, sem serem muito dependentes do preço do ativo subjacente.

As opções Chooser são geralmente mais caras que as comparáveis opções de compra e venda, mas ainda são menos caras que uma negociação de combinação como seria uma straddle. Quanto mais cedo o investidor toma sua decisão, menor será o preço que ele vai pagar por uma opção chooser.

Opções Asiáticas

Opções asiáticas são particularmente opções exóticas. Ao longo do vencimento da opção é pago ao comprador um valor médio do ativo subjacente. Podemos distinguir entre opções asiáticas aritméticas e geométricas. Conforme implicam seus nomes, diferentes métodos são usados para determinar o valor médio.

Aspectos Básicos

Neste capítulo, fornecemos um breve resumo das opções exóticas mais comuns. Como elas não são negociadas na Eurex ou outras bolsas de derivativos, encerramos aqui essa visão geral.

14.5 O que é um futuro (forward)?

Um futuro/forward é um instrumento derivativo individual, incondicional semelhante a uma opção de futuro. É "apenas" semelhante e não igual, porque não pode ser negociado em bolsa. Os detalhes do contrato são definidos e acordados, a critério das partes. Transações desse tipo são habitualmente feitas pelos bancos e seus clientes, geralmente com a finalidade de proteger uma negociação subjacente. Ao contrário de uma opção de futuro (que é negociável em bolsa), um forward implica um risco da contraparte. Os investidores devem ter isso em mente, em particular quando as duas partes envolvidas têm origens muito diferentes (como uma empresa de pequeno ou médio porte e um grande banco). O risco envolvido não pode ser transferido para um mercado secundário. No entanto, existe a possibilidade de expandir a transação por uma negociação de hedge, que, no entanto, deve ser vista como uma transação adicional (envolvendo novos riscos e implicando em novos gastos).

Resumo:

Derivativos não negociados em bolsa são acordos financeiros bilaterais principalmente utilizados para proteger uma negociação subjacente.

Um swap é uma troca de fluxos de pagamentos, com base no fato de que as duas partes contratantes têm visões muito diferentes do mercado.

Uma swaptions é uma opção em um swap, que o investidor pode exercer se o mercado se desenvolve a seu favor. Ao exercer a opção aciona-se o swap.

Opções exóticas são negociadas no mercado de balcão, e são usadas principalmente por emitentes com a finalidade de projetar produtos estruturados para o mercado de varejo. Um elemento importante dessas opções é a inclusão de novos direitos, ou a não-existência de direitos "antigos".

Futuros/forwards são contratos bilaterais, acordos financeiros vinculativos que, devido à sua natureza individual, não são negociados em bolsa. Transações derivativas desse tipo só são definidas e executadas por investidores profissionais.

15 Derivativos de crédito

Este capítulo trata das seguintes questões:
1. Quais são os derivativos de crédito básicos?
2. O que é crédito?
3. Que tipo de derivativos de crédito existem?
4. O que são os iTraxx® de Futuros na Eurex?
5. O que são derivativos de crédito de securitização?

15.1 Quais são os derivativos de crédito básicos?

Em comparação com os derivativos descritos anteriormente, os derivativos de crédito são relativamente novos no mercado. Sua finalidade é a transferência de riscos de crédito de uma parte para a outra, um prêmio é pago para a parte que assume o risco. Isso permite que os intermediários financeiros tenham a possibilidade de dispor do risco padrão de crédito (créditos e empréstimos) completamente ou em parte. Além disso, os investidores podem usar derivativos de crédito como proteção contra queda de preços em obrigações corporativas, como ocorreria se o devedor fosse inadimplente ou sua classificação de crédito se deteriorasse.

15.2 O que é crédito?

Vamos começar por definir o termo "derivativo de crédito". A palavra crédito tem sua origem do Latim "credo" (crença) e "creditum" (algo confiado a alguém). Assim, o credor é alguém que age de acordo com sua convicção de que os recursos líquidos emprestados ao devedor devem acabar retornando. Há uma relação de confiança entre os dois que se expressa pelo empréstimo de recursos. Como nem todo devedor tem capacidade de endividamento suficiente para que um credor confie-lhe seu dinheiro, o credor tenta se proteger de uma inadimplência (falta de pagamento de juros, atraso ou a falta de reembolso). Derivativos de crédito foram desenvolvidos especificamente para cobrir essa necessidade. São usados como instrumentos de proteção e ajudam o credor a se proteger de potenciais inadimplências de crédito associadas com a sua carteira de crédito.

15.3 Que tipos de derivativos de crédito existem?

15.3.1 Derivativos de crédito tradicionais

Derivativos de crédito tradicionais são os acordos bilaterais entre um comprador e um vendedor. O vendedor dá ao comprador proteção do risco de crédito, o comprador transfere o risco associado ao vendedor. Os prêmios a serem pagos são calculados com base na classificação e possíveis riscos de inadimplência de crédito externos, e são devidos imediatamente.

Os prêmios para os derivativos de crédito que tem base em classificações são geralmente expressos como spreads. O mercado internacional para esses derivativos é muito homogêneo, pois o preço é baseado no risco de crédito invés dos níveis de taxa de juros e as classificações são tratadas da mesma maneira em todos os lugares. Esta homogeneidade facilita a comparação de riscos de crédito a nível internacional, que contribui ainda mais para um mercado ativo. Como resultado da possibilidade de transferir o risco o mercado vem se expandindo, e de muitas maneiras vem se desenvolvendo em um mercado eficiente e consistente.

O ponto importante é especificar corretamente a inadimplência de crédito ou mais referido como "evento de crédito". Ambas as partes devem ter a possibilidade de definir claramente este evento e verificar sua ocorrência, e ambas devem

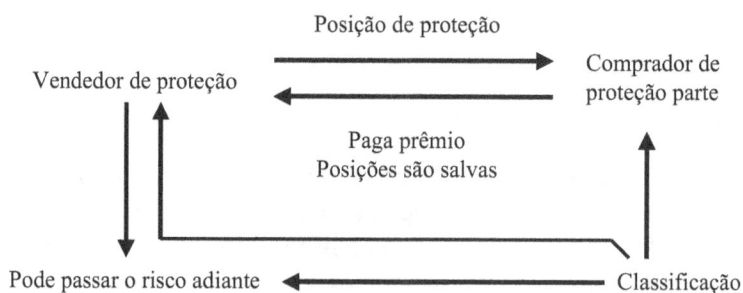

Figura 15.1: Derivativo de crédito

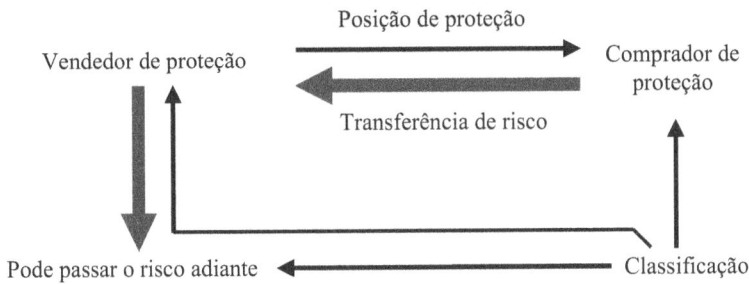

15.2 Figura: Derivativo de crédito para um evento de crédito (pagamento)

entender como foi causado. Quando um evento de crédito é disparado o fluxo de pagamento do vendedor de proteção ao comprador de proteção é interrompido (pagamento da proteção, o pagamento é congelado) e os pagamentos não serão efetuados até que não haja dúvida de que um evento de crédito ocorreu e este evento de crédito foi documentado.

Eventos de crédito possíveis:
- Inadimplência ou falta de pagamento
- Deterioração da capacidade de endividamento
- Queda de preço do produto subjacente
- Reestruturação de passivos

Outros pontos a serem esclarecidos incluem a natureza exata da dívida e seu valor nominal.

15.3.2 Derivativos de crédito modernos

Derivativos de crédito eram negociáveis apenas como swaps de inadimplência de créditos (credit default swaps – CDS). A partir de 2007, podem ser negociados diretamente na Eurex.

Em alguns aspectos, um CDS (o produto derivativo mais negociado) é semelhante a uma opção de venda. Quando o evento de crédito ocorre a opção é ativada e o risco de crédito é vendido. O termo swap originado do conjunto em que uma obrigação corporativa seria trocada ("swapped") por um título do governo. Ao contrário de um swap do tipo clássico, no entanto, neste caso, a troca só é afetada quando um evento de crédito ocorre. A liquidação pode ser feita por entrega física ou em dinheiro, o prêmio vence quando o contrato CDS é assinado. Os CDS de hoje não são mais oferecidos apenas pelos bancos. Nos últimos anos, os fundos hedge começaram a avançar agressivamente neste campo.

Os prêmios de CDS dependem da posição de crédito de referência e sua classificação de crédito. A maior probabilidade de inadimplência equivale a um maior prêmio pago. Por vários anos houve detalhes de contratos padronizados para o CDS, garantindo a execução rápida e tranquila do contrato . Em 1999, a Associação Internacional de Swaps e Derivativos (ISDA), com sede em Nova York, emitiu recomendações abrangentes de negociação, bem como o chamado ISDA Master Agreement, um contrato padronizado permitindo que ambas as partes garantam uma solução justa.

Um CDS deve atender aos seguintes requisitos básicos:
- Entidade de referência
- Evento de crédito protegido (insolvência, reescalonamento, etc.)
- Com base em que ativos o evento de crédito pode ser determinado? Data efetiva
- Prazo
- Valor nominal
- Montante do prêmio (geralmente dado em pontos de base de valor nominal)
- Tipo de pagamento devido do vendedor de proteção na ocorrência de evento de crédito
- Entrega física ou liquidação em dinheiro.

15.4 O que são derivativos de crédito de securitização?

Instrumentos de securitização de risco de crédito são referidos como "Notas de Crédito Vinculado"(Credit-Linked Notes-CLN). Eles são uma combinação de título de debêntures e uma opção de venda padrão. Enquanto as CLN são emitidas como títulos e também vendidas a clientes de varejo, é importante notar que, geralmente, vários devedores são agrupados em um certificado. Investidores (vendedores de proteção) devem estar cientes que o reembolso da CLN é incerto em caso de um evento de crédito: Dependendo das especificações da securitização, o reembolso pode ser incompleto ou totalmente inadimplente. Devido ao maior risco, os pagamentos de juros na CLN são maiores que nas debêntures tradicionais. Além disso, o risco do emitente associado não deve ser subestimado. Assim como nas debêntures, as CLN também estão sujeitas à classificação do emitente. Riscos potenciais podem resultar da possível insolvência do emitente.

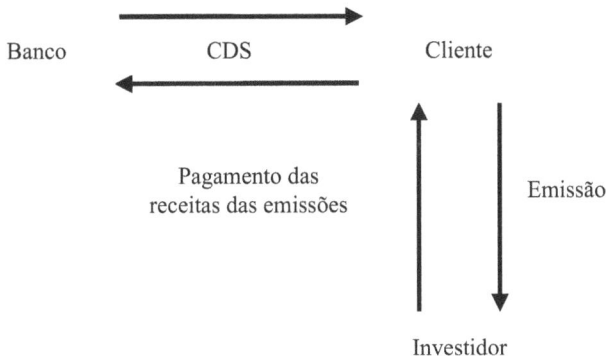

Figura 15.3: Nota de crédito vinculado

Uma alternativa é oferecida pelas Obrigações de Dívidas Colaterizadas (Collateralized Debt Obligations – CDO), que são títulos emitidos por uma instituição financeira que tem as respectivas obrigações em sua carteira. Em caso de CDOs sintéticas, a carteira irá conter derivativos de crédito (como o CDS), em vez de títulos.

Este breve resumo demonstra que os derivativos de crédito são geralmente usados para transferir o risco; aqui é de onde se originaram. Hoje, o mercado de risco de crédito é muito grande e multifacetado. Derivativos de crédito são negociados por investidores profissionais, geralmente empresas, enquanto investidores privados enfocam principalmente em CLNs. Em ambos os casos, é importante garantir que um investidor privado está ciente dos riscos dessas negociações, e tem a liquidez necessária para pagar por elas. Em um cenário de pior caso – se um evento de crédito ocorre – o investidor vai sofrer uma perda total.

Resumo:
Derivativos de crédito são instrumentos utilizados para cobrir de modo profissional riscos de inadimplência de crédito ou riscos resultantes da diminuição da capacidade de endividamento do devedor. Os derivativos de crédito podem ser tanto de contratos bilaterais ou de futuro negociáveis na Eurex. O cenário é sempre uma diminuição possível na capacidade de endividamento do devedor, resultando em uma posição de risco que um emitente de cobertura irá cobrir em nome de um comprador de proteção em troca de um prêmio. Em caso de inadimplência (evento de crédito), é atribuída ao vendedor a posição de risco do comprador e o comprador de cobertura se dispôs desse risco.

16   A estruturação de carteiras complexas com derivativos

Este capítulo trata das seguintes questões.
1. Quais são os conceitos básicos e as extensões da administração de posições?
2. O que significam os termos média e pirâmide?
3. O que é um roll-over?
4. Como é estabelecida uma carteira?
5. O que queremos dizer com presença na negociação?
6. O que é controle de risco?

16.1   Quais são os conceitos básicos da administração de posições e possíveis estratégias de expansão?

Os investidores devem sempre estabelecer planos com metas claras, agindo somente após esses serem bem ponderados. Decisões impulsivas e movimentações apressadas devem ser evitadas, pois geralmente resultam em perdas.

Antes de entrar em um contrato, cada investidor deve considerar as seguintes questões:
- Esta negociação realmente faz sentido?
- Qual é a relação risco / recompensa?
- Quanto dinheiro vou colocar neste investimento agora?
- Quanto dinheiro eu vou colocar mais tarde?
- Por quanto tempo eu quero manter este investimento, e que risco adicional estou disposto a assumir?
- Quando vou fechar esta posição em caso de lucro? Quando vou fechá-la em caso de perdas?

Em seguida, o investidor deverá elaborar um conceito para especulação cobrindo as respostas para estas perguntas. Como regra geral, é aconselhável investir de 20 a 30 por cento dos ativos líquidos em negócios especulativos. Margens adicionais (exigidas como garantia) não devem exceder 30 a 50 por cento da soma do investimento real, pois esta ordem de grandeza deve ser suficiente para cobrir eventuais perdas. Além disso, o conceito deve ser bastante detalhado, pois deve ajudar a guiar os investidores por seus primeiros compromissos. Investidores que negociaram em derivativos por algum tempo provavelmente podem passar sem um conceito escrito visto que sua ampla experiência lhes permite decidir e responder apropriadamente.

Os investidores que são novos na área, no entanto, devem começar pela elaboração e busca de sua estratégia no papel. É importante fazer isso por escrito e ser muito honesto consigo mesmo, fazendo anotações de sucessos e fracassos da mesma forma. Embora pareça fictício, perdas feitas no papel podem lhe ensinar muito. Neste contexto, também queremos enfatizar que

- as estratégias devem ser testadas em diferentes situações de mercado
- sinais de entrada e saída devem ser realistas e de fácil reconhecimento
- regras básicas de estatística devem ser observadas a todo o momento.

Se você mentir para si mesmo nesses pontos você vai se arrepender em negociação com uma carteira real.

Você não deve se aventurar em investimentos reais até ganhar experiência de forma fictícia. Agora você pode lidar com problemas que surgirem de modo muito mais fácil pois já "viveu" tais situações no papel. No entanto, não se engane em pensar que não vai precisar tomar novas decisões: mesmo o melhor conceito para a especulação e a melhor preparação não podem oferecer 100 por cento de proteção de decisões frenéticas e emocionais. A primeira regra, portanto, é: mantenha a calma e tome suas decisões com base em fatos.

16.2 O que significam os termos média e pirâmide neste contexto?

Se um investidor mantém a construção do mesmo número de contratos em uma posição existente. Outro ponto importante a ser considerado, é a estratégia utilizada para estabelecer suas posições em derivativos. Existem duas abordagens principais: essa estratégia tornando-se bem sucedida, pode ser uma boa fonte de renda. Se falhar, no entanto, você aumenta exponencialmente seu risco a cada nova posição. Portanto, não incentivamos você a usar esta abordagem. Esta deve ser aplicada exclusivamente por especialistas experientes em derivativos e somente após uma análise cuidadosa.

```
XXXXX  ↑
XXXXX  |
XXXXX  |   Definição da posição de derivativos
XXXXX  |
```

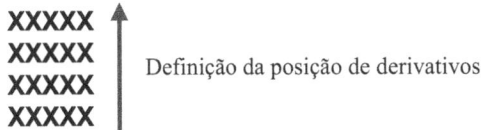

Figura 16.1: Esquema de abordagem média

Pirâmide – ambas as posições existentes e novas se baseiam em cima umas das outras de modo a formar uma pirâmide. Esta definição é recomendada, pois representa uma estratégia de risco ponderado no sentido clássico.

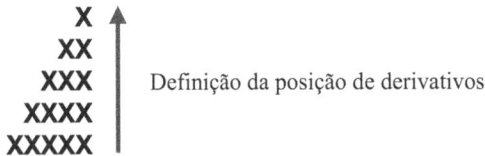

```
    X  ↑
   XX  |
  XXX  |   Definição da posição de derivativos
 XXXX  |
XXXXX  |
```

Figura 16.2: Esquema de abordagem pirâmide

No entanto certifique-se de definir a pirâmide corretamente (ver gráfico). Se várias posições são baseadas em poucos fatos você irá novamente aumentar exponencialmente seu risco e obter o oposto do efeito desejado. As Pirâmides do Egito também não foram construídas para se apoiarem em suas pontas.

16.2.1 Quais podem ser objetivos possíveis de expandir a exposição de um investidor?

Duas atitudes básicas a serem tomadas são previstas: aumentar os lucros ou administrar posições opostas.

Expansão do lucro

O investimento se desempenha conforme o esperado e gera lucros atraentes. O investidor decide expandir a posição e participar de contratos adicionais. Ao fazer isso ele não deve se esquecer, contudo, que, juntamente com o maior potencial de lucro, cada contrato também aumenta o risco de perdas.

Neste caso, o investidor expande sua posição não porque o mercado se desenvolveu negativamente, mas por sua estratégia é bem sucedida e ele vê a chance de aumentar seus ganhos. Isso também lhe permite amortecer o seu risco com os lucros já obtidos. No entanto, aconselhamos cautela, pois em um cenário de pior caso o risco do investidor aumenta junto com o número de negociações em que ele se compromete.

Administração de posição em face a evoluções desfavoráveis de mercado

O investimento não está rendendo como esperado. O investidor "faz a média para baixo", adicionando mais posições, aumentando assim o seu potencial de perda, mas também a chance de que a posição vai acabar na zona de lucro. Portanto, é importante avaliar cuidadosamente se esta expansão realmente vale a pena, antes de ir adiante com ela. Estratégias de média para baixo deste tipo devem ser um último recurso, pois raramente é aconselhável expandir o risco inerente em uma posição original. Na maioria dos casos, o problema real é que as expectativas iniciais do investidor não se realizaram, e como não há nenhuma garantia de que isso vai acontecer após aumentar a exposição, muitas vezes, invés disso, é melhor fechar completamente a posição. Se um investidor, com base em sua análise, ainda decidir expandir sua posição ele deve proceder com muita cautela.

Neste ponto, vamos lembrar que todo investidor deve pensar em expansão potencial de uma negociação bem no começo, ou seja, quando ele abrir uma nova posição. Ele deve definir os pontos de entrada e de saída, em termos tanto de tempo como de critérios monetários.

Exemplo de uma situação de expansão:

Um investidor tomou uma posição em contratos de compra de futuros. Infelizmente, o instrumento subjacente se desenvolveu ao contrário das expectativas e nosso investidor está sofrendo perdas. No entanto, ele quer manter a posição, pois, com base nos indicadores fundamentais e de gráfico, ele está convencido que o instrumento subjacente irá valorizar. Ele decide expandir a posição e baratear seu investimento inicial. Isto é o que ele precisa ter em mente:

- Há algum risco que ele está interpretando mal a situação do mercado
- Na criação de novas posições, ele aumenta exponencialmente o seu risco de perdas
- O volume de investimentos em situação de risco na posição expandida é maior que o que ele queria inicialmente colocar em risco
- Muitas vezes, a primeira perda da posição é a mais baixa.

Ao reconstruir a mesma posição um investidor pode, na melhor das hipóteses, baratear seu preço de investimento inicial; na pior das hipóteses ele vai multiplicar suas perdas.

Nós, portanto, afirmamos enfaticamente que tais estratégias só devem ser buscadas por investidores de grande liquidez.

Exemplo de como proceder na expansão de uma posição:
> O investidor detém 5 contratos de compra de índice de futuros em seu portfólio. Ele decide estender a sua posição de pirâmide, e compra mais 3 contratos. Se o movimento esperado do mercado ocorre ele vai lucrar com os 8 contratos. Se sua expectativa de mercado não ocorre ele sofrerá uma perda que será exponencialmente maior do que teria sido com a sua posição original de 5 contratos.

XXX

XXXXX

Figura 16.3: Esquema da estratégia de expansão exemplar (pirâmide)

> Se o índice se desempenha de acordo com as expectativas o investidor pode estabelecer mais contratos. Ao contrário do exemplo anterior, contudo, ele irá construí-los em paralelo com o mercado, beneficiando-se assim da tendência de subida do mercado. Com três novos contratos ele pode construir sobre seus 5 existentes, que já estão produzindo lucros. O risco de perdas de sua posição original será reduzido pelo lucro já realizado. Somente após este lucro ser consumido o investidor terá o mesmo perfil de risco como em nosso primeiro exemplo.

Como esses exemplos mostram, estabelecer posições com o mercado é de longe preferível. Posições de derivativos estabelecidas contra o mercado podem resultar facilmente em enormes perdas.

16.3 O que é um roll-over?

Com um roll-over, um investidor estende sua posição além da data de validade, fechando a posição original e abrindo uma nova. Seus motivos podem ser um destes:
• Perda na posição original (devido às expectativas do mercado que falharam)

- Prevenir uma cessão prematura
- Bom desempenho da posição.

Vamos dar uma olhada mais atenta a cada um deles.

16.3.1 Roll-over devido à tendência adversa do mercado

Um investidor vendeu suas opções de compra no índice X (venda de opção de compra) a um preço de exercício de 5.000 pontos, e recebeu um prêmio de 50 pontos. Um dia antes do vencimento o índice atinge 5.100 pontos, enquanto que o nosso investidor presumiu que ele permaneceria abaixo 5.050 pontos (prêmio + preço de exercício). Ainda assim, ele acredita que o índice está sobrevalorizado. Ele, portanto, encerra a posição inicial (comprando a de volta) e mais uma vez vende opções de compra no índice X, desta vez em 5.100 pontos, para o qual ele recebe um prêmio adicional. Se este prêmio cobrir o prêmio que ele pagou pela sua recompra falamos de um roll-over de prêmio neutro. Se, no entanto, o investidor pensa que o índice vai subir ainda mais ele pode fazer um "roll-over" (rolar) a um preço de exercício mais alto (por exemplo, 5.300 pontos). Com toda probabilidade, este não será um roll-over de prêmio neutro, mas sim, é provável que o investidor ou enfrente despesas adicionais ou então aumente o número de contratos. A consequência é um aumento do risco, já que o nosso investidor expandiu sua posição original além do nível previsto inicialmente.

> Comprando para encerrar 5 contratos de opção de compra
> Vendendo para abrir 10 contratos de opção de compra
> = Aumento de risco em 100 por cento

Este é o tipo mais comum de roll-over. Como resulta de uma expectativa de mercado não cumprida, nós também podemos falar de um "roll-over forçado". Na prática, no entanto, esses roll-overs muitas vezes podem abrir o caminho de volta para a zona de lucro.

Antes de cada roll-over, uma análise da situação do mercado atual e esperada é absolutamente necessária. Só se ambas forem conclusivas o roll-over deve ser realizado. Se o investidor não conta mais que sua expectativa inicial do mercado irá se materializar, ele será mais bem aconselhado a encerrar e estabelecer uma nova posição.

16.3.2 Prevenir uma cessão prematura

Um investidor em posições vendidas que deseja prevenir cessão prematura pode fazer um roll-over dessas posições para uma data de vencimento posterior. Embora eles vão ganhar prêmio de tempo desta forma, raramente será seu motivo principal, mas sim, é provável que o roll-over vai ajudá-lo a evitar a cessão prematura, como opções com um longo vencimento remanescente – devido ao componente de prêmio de tempo – envolvem um risco menor de ser cessado prematuramente.

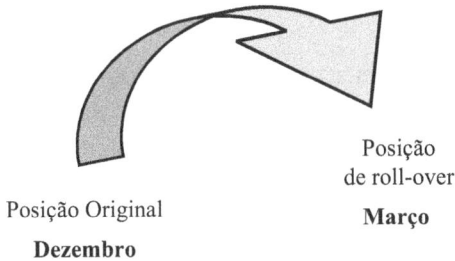

Posição
de roll-over

Posição Original   **Março**

Dezembro

Figura 16.4: Usando um roll-over para evitar uma cessão prematura

16.3.3 Estendendo investimentos de alto desempenho

Um investidor tomou a posição comprada em um contato de futuros que não está se desempenhando em seu favor. No último dia de negociação ele vende esse futuro e compra um ainda mais adiante. Desta forma, ele lucra de sua estratégia existente e mantém sua posição.

> Compra de futuros – venda com a finalidade de encerramento
> Compra de futuros – compra com o propósito de abertura

Como podemos ver, um roll-over é usado para ampliar a posição do investidor em derivativos. Se isso também envolve um aumento na quantidade, o investidor deve considerar o maior risco envolvido. Em princípio, no entanto, os investimentos derivativos podem ser prorrogados indefinidamente. Pré-requisitos são a existência de contrapartes, a liquidez do investidor, e uma estratégia sensata. No caso de futuros, outro fator a ser considerado é o custo de carregamento.

16.3.4 Cross roll-over

Se um investidor detém uma opção de compra na ação X que não desempenha como o esperado, ele pode comprar de volta o contrato e abrir outra posição. Mesmo se este cross roll-over não é um roll-over no sentido clássico, pois o subjacente é substituído, pode ser aconselhável para certos investimentos.

Venda de opção de compra na ação X → fechamento
Venda de opção de compra na ação Y → abertura

O investidor reverte o fechamento da posição original em X, abrindo uma posição em Y, pelo qual ele se livra do investimento original, de baixo desempenho. Embora existam dois tipos de instrumentos subjacentes envolvidos, são utilizados para o financiamento cruzado.

16.4 Como são estabelecidas as posições?

Investidores inexperientes (privados) devem começar com foco em posições de derivativos cobertas e compradas (exceto para futuros), pois carregam o menor risco. A melhor maneira de começar é adquirir opções em carteiras, ou seja, lançar opções de compra cobertas. Desta forma, o novo investidor pode desenvolver uma percepção para o mercado e sua complexidade. O lançamento da opção de compra coberta é útil para aumentar os próprios retornos através dos prêmios recebidos, e pode ser tratada como uma ordem de venda limitada – dependendo da agressividade de como os preços de exercício são estabelecidos.

Posições compradas podem ser uma alternativa atraente para clássicas e especulativas posições vendidas: No máximo, o investidor pode perder o valor investido, e não há nenhum risco de ter que afixar margem adicional. Segurar estas posições também ajuda a desenvolver uma percepção para o mercado, bem como para a estrutura de fixação de preços de opções. Em suma, eles são bastante adequados para os investidores que estão dando seus primeiros passos no mercado de derivativos.

Outros instrumentos no mercado de derivativos devem ser negociados apenas por investidores experientes. Observe que as carteiras que consistem em opções e futuros costumam gerar retornos mais estáveis do que as compostas por títulos e opções. Instrumentos de futuros permitem que investidores estabeleçam e estruturem suas estratégias de forma mais clara e rentável, pois são mais adequadas para o aproveitamento de mudanças rápidas do mercado que as opções. Ao mesmo tempo, combinações de opção de futuros permitem que os investidores tragam suas posições de perda de dinheiro de volta para a zona de lucro, ou pelo menos compensem as perdas.

Exemplo:

Um investidor detém vendas de opção de compra no índice X que está bem dentro do dinheiro. Ao contrário das expectativas, o índice continua a subir. Enquanto o investidor poderia escolher entre várias estratégias de roll-over, outra possibilidade é ampliar a posição adicionando uma estratégia baseada em futuros. Para fazer isso ele compra futuros X baseados em suas opções de compra. Se o índice continua a subir, estes futuros vão compensar as perdas incorridas pelas posições da opção de compra. Se o índice cair, devem incorrer em perdas enquanto as opções de compra vão gerar um lucro. Na busca de estratégias deste tipo é importante manter uma análise de posições e trocá-las precisamente nos dois pontos de equilíbrio.

16.4.1 Combinações

Combinações como o financiamento de balcão de negociações de derivativos só devem ser realizadas por investidores experientes. O mesmo é verdadeiro para as posições de derivativos combinadas com commodities e moeda de futuros. Também é importante ter certeza que os requisitos de liquidez podem ser cumpridos.

Negociações em derivativos podem ter transações em qualquer fase de troca, desde que sejam realizadas corretamente. Às vezes é necessário encerrar uma posição a fim de evitar riscos adicionais e perdas potencialmente mais elevadas, de acordo com o velho ditado "a primeira perda é muitas vezes a menor". Outro aspecto importante é manter o monitoramento de fatores externos de desempenho, como volatilidade.

Mas a chave para toda negociação de derivativos é a liquidez. É importante sempre ter liquidez suficiente para poder manter as posições em aberto, mesmo que o mercado se mova para o outro lado. O maior problema que acontece com um investidor é a incapacidade de fornecer a garantia exigida: nesse caso, ele enfrenta a ameaça de liquidação forçada, após uma venda sem margem. Suas posições serão encerradas e ele não será mais capaz de fazer dinheiro com elas. Como os investidores são obrigados a responder a uma venda em margem é extremamente importante que eles não carreguem mais posições em sua carteira de que são capazes de cobrir. O mesmo é verdadeiro para know-how técnico: Depois de ter perdido a noção da evolução você segue para situações difíceis. O risco de perdas em seguida se multiplica quando você está impotente para deter a maré.

Portanto, certifique-se de só manter a quantidade de posições em aberto que você pode pesquisar e administrar. Como um investidor você precisa ser capaz de analisar e avaliar o instrumento subjacente, e tomar medidas adequadas e oportunas!

Para situações extremas você deve ter sempre planos de emergência à mão, como, por exemplo, a venda de 50 futuros com base em índices se o mercado de ações quebrar. Desta forma, você está preparado para possíveis emergências, o que é particularmente importante quando você mantém grandes carteiras de instrumentos do mercado à vista. Se os preços mudam rapidamente, devido à evolução do mercado extremo, a única maneira de proteger uma carteira de mercado à vista de forma rápida e eficiente é com contratos futuros. Gostaríamos de reinterar que você deve sempre decidir de antemão o que você exatamente vai fazer em tal situação, de modo que na data real tudo que você tem a fazer é realizar os ajustes necessários. Isso garante a você o não desperdício de tempo valioso.

Além disso, é importante garantir a viabilidade técnica de seus planos no início. Somente se os processos necessários estiverem imediatamente à mão em situações extremas você poderá responder prontamente com movimentações de balcão bem direcionadas. Especificamente, é indispensável ter os dados de contato necessários para os respectivos departamentos de negociações ao seu alcance. Isto é particularmente importante para grandes investidores privados, que não operam suas próprias plataformas de negociação.

Recomendamos colocar seu plano de emergência no papel, usando um algoritmo simples ao que você deve absolutamente aderir em caso de emergência. Este algoritmo deve incluir ação recomendada, volumes, contatos, dados de contato, e uma recomendação para o caso de reversão durante um dia (ou seja, uma inversão completa de preços durante um dia, por exemplo, de negativo para positivo).

16.4.2 Definindo uma carteira

Em princípio, uma carteira deve ser projetada para apoiar a diversificação. Além disso, é importante considerar quais tendências atuais do mercado ela deve cobrir. Em seguida, a carteira de títulos pode ser expandida para incluir posições de derivativos, por exemplo, lançando opções de compra em posições de ações que você já não está convencido, ou pela qual se espera um movimento horizontal de preço. Compras adicionais podem ser realizadas através de estratégias agressivas de venda de opção de venda. Estratégias de proteção com venda de futuros ou compra de opção de venda em carteiras existentes devem ser consideradas sempre que uma queda for esperada.

Estes exemplos podem ser suficientes para mostrar que posições de derivativos são úteis para complementar posições à vista garantindo a estabilidade e gerando lucros adicionais. Os investidores que utilizam derivativos para estruturar duas carteiras de modo ativo são mais capazes de ajustar sua negociação à vista: Por meio das transações de derivativos eles aumentam ou diminuem ativamente seus compromissos no mercado à vista, e exploram oportunidades para gerar renda adicional e amortecer riscos potenciais. Desta forma, carteiras se tornam de planejamento mais fácil – devido à maior previsibilidade dos efeitos esperados – e mais estáveis. O investidor passa parte de suas decisões a outras partes (no caso de negociações de venda). Só quando ele se envolve ativamente (encerra) ele toma uma decisão final. Em todos os outros casos, a decisão tomada inicialmente ao tomar a posição continuará a ser válida.

Segue um exemplo de estruturas de derivativos utilizados para expandir uma carteira de títulos presumida:

Tabela 16-1: Exemplo de carteira e expansão por meio de derivativos

Carteira existente (trecho)				Expansão
Ativo de referência	Carteira:	Preço de compra	Preço atual	Instrumento derivativo
Ação X	10,000	34.50	39.00	Preço de exercício de venda de opção de compra 41
Ação Y	15,000	43.10	41.90	Preço de exercício de venda de opção de venda 41
Ação M	7,000	89.45	91.23	Preço de exercício de venda de opção de compra 92
Certificado indexado no – Índice L	15,000	54.40	67.10	índice futuro comocomponente adicional

O investidor expande suas estratégias, adicionando opções de compra cobertas, recebendo assim pagamentos de prêmios e buscando uma estratégia de rendimento. As vendas de opções de venda são destinadas a expansão de sua carteira em ações Y. Com esta estratégia, o investidor reduz seu preço inicial e continua a ver seu investimento de forma positiva. O certificado indexado é estendido para futuros com base no mesmo índice. Desta forma, o investidor cria um perfil de risco de oportunidade equilibrado, mas ao mesmo tempo ele é capaz de trocar sua carteira, mantendo o certificado como seu investimento em longo prazo.

Este exemplo simples ilustra como posições de derivativos podem ser usadas para expandir e melhorar controlar uma carteira existente. Também mostra que as combinações de derivativos securitizados e outros podem oferecer vantagens substanciais. Na prática, encontramos tais construções com bastante frequência. Por exemplo, as opções de compra são lançadas em certificados de desconto e de bônus, ou a liquidez é aumentada lançando opções de venda e investindo os prêmios em futuros ou produtos securitizados.

Ao combinar diferentes perfis de risco de oportunidade, novas oportunidades de investimento podem ser exploradas. O mesmo ocorre para combinações de futuros de commodities e moedas.

Na busca destas estratégias é importante ter uma coisa em mente, que as combinações só podem ter sucesso desde que você mantenha uma boa visão. Portanto, se você um dia chegar a um ponto onde acha difícil entender suas posições, encerre-as! Caso contrário, poderá sofrer perdas enormes, pois você não será capaz de responder adequadamente às mudanças do mercado.

16.5 O que é presença no mercado?

Neste ponto, permita-nos dizer algumas palavras sobre o tema presença no mercado. Os investidores que não estão continuamente presentes na bolsa, muitas vezes, têm dificuldade de gerenciar ativamente suas carteiras. Cem por cento de presença no mercado é altamente recomendado. Em todos os outros casos, os investidores devem, principalmente, negociar opções cobertas e focar em estratégias conservadoras.

Outro ponto importante é que os investidores devem se familiarizar com a bolsa em que estão negociando. Devem se familiarizar com os seus regulamentos e compreendê-los bem. Não faz sentido negociar em uma bolsa de derivativos exóticos, quando você não conhece as regras, as especificações de contrato, e outros fatores – o que irá envolver risco adicional o qual não se consegue medir, e muitas vezes não cobrir. Por outro lado, em uma das principais bolsas de valores americanas ou na Eurex você poderá obter as informações necessárias de forma rápida e confiável. Regras contra violações de negociação ("erros") protegem os participantes de negociações e, junto com os órgãos de fiscalização, garantem processos de negociação seguros e ordenados.

16.6 O que é controle de risco?

Bancos e corretoras têm "as funções da central de pessoal" para controlar os riscos associados às posições de derivativos. No entanto, é dever de cada investidor ficar de olho em seu próprio risco. Em particular, é importante acompanhar de perto o tamanho da carteira de investimentos, o qual muitas vezes acaba crescendo e saindo de controle – em particular com posições roll-over. Isso deve ser evitado a todo o custo, caso contrário, o controle deliberado e conforme a estratégia não é mais possível. Em outras palavras, tome cuidado para não deixar que uma posição de 10 contratos se torne uma posição de roll-over de 100 contratos.

Os investidores devem sempre estar cientes do tamanho dos ativos subjacentes – só então eles serão capazes de desenvolver uma percepção para o mercado e seu tamanho. Além disso, recomendamos trabalhar com limites de negociação (que normalmente são dados pelos corretores). Somente se você definir um limite para si mesmo, terá controle de seus riscos. O mesmo ocorre para proporcionar segurança na forma de margens.

Finalmente, permita-nos uma palavra sobre evoluções imprevisíveis do mercado, pois pode ocorrer a qualquer momento. Apesar de que nós não sugerimos esperar que tais desenvolvimentos aconteçam, os investidores devem ter sempre estratégias viáveis suficientes à mão para combater tais desenvolvimentos e evitar liquidação forçada, em particular, com estratégias especulativas, pode-se aproveitar mesmo de situações críticas de mercado.

> **Resumo:**
> Estratégias destinadas a ampliar posições de investimento sempre envolvem risco adicional. Por isso é necessário pensar nelas cuidadosamente de antemão.
> O termo "média" se refere a uma abordagem em que você configura o mesmo número de contratos mais uma vez, enquanto que "pirâmide" significa que você os configura em forma de uma pirâmide. Buscam – se expansões quando os investimentos são altamente lucrativos, ou como um último recurso para posições que trazem perdas. Muitas vezes, pratica-se estas estratégias em combinação com um roll-over que é uma extensão da posição além da data de vencimento original.

17 Margem

Este capítulo trata das seguintes questões.
1. O que é caução?
2. Como é a cobertura da margem assegurada para opções e futuros?
3. O que é margem sujeita a risco?
4. Como a margem pode ser lançada?
5. Quais são as atividades relacionadas de compensação?
6. O que é uma venda em margem, e quais são suas consequências?

17.1 O que é caução?

A caução, também conhecida como margem, é a garantia que o titular de uma posição de derivativos tem que depositar. Seu objetivo é garantir que a transação será cumprida e a posição aberta pode ser encerrada. Em princípio, uma caução é devida para todas as transações de derivativos negociadas em bolsa. A única exceção é de opções compradas, pois seus compradores adquirem direitos, não obrigações. Para todas as posições em aberto, as margens devem ser lançadas para o dia seguinte da negociação em bolsa. Sob condições difíceis, é também possível que uma margem adicional seja necessária dentro do mesmo dia de negociação, um processo que se refere como venda em margem.

Bancos e corretoras lançam as margens em títulos ou em dinheiro (em diferentes moedas, como EUR, CHF, USD, CGP) e depois congelam os valores correspondentes em títulos ou em dinheiro, desagregados pelos clientes, em suas respectivas contas. Como regra geral, clientes oferecem aos seus corretores e bancos entre 1,2 vezes e o dobro da quantidade exigida pela troca. Este aumento "artificial" é mais uma medida de proteção, tanto face a face com o cliente (restringindo seu espaço de manobra) e para o próprio Banco/corretor.

Agora, de que é a margem é composta? Principalmente, há diferentes sistemas de margem, como margem sujeita a risco, SPAN, TIMS, e outros. A seguir vamos focar na margem sujeita a risco aplicada pela Eurex.

Antes de nossa análise, gostaríamos de incluir uma breve explicação: todas as transações nas bolsas Eurex são processados pela Eurex Clearing AG. Ela garante parceiros de negócios e participantes de compensação a execução de suas transações, e é encarregada de calcular as respectivas margens.

17.2 O que é margem/caução sujeita a risco?

Para investidores existe uma clara vantagem em apenas ter que depositar uma quantidade que cobre o risco associado com sua carteira de investimentos, em vez do equivalente a toda a posição. Como são levadas em conta combinações, o risco é reduzido e o excesso de cobertura é evitado. Produtos com base em instrumentos subjacentes (quase) idênticos são agrupados em classes de risco. Por exemplo, todas as opções nas ações DAX®, bem como as posições Odax e FDAX são incluídas na classe de margem DAX®. Todas as classes de risco são definidas por analogia com este exemplo. Créditos e débitos de margem possíveis da mesma classe são deslocados uns contra os outros, um processo que se refere como colaterização cruzada. Esta ajuda a manter alta liquidez, pois mover individualmente cada posição incorreria em uma maior margem global. Se duas ou mais classes de margem com correlações semelhantes são agrupados falamos de um grupo de margem. A colaterização cruzada também é realizada dentro de tais grupos, por exemplo, as classes Euro-Bund de Futuros, Euro-BOBL de Futuros, e Euro-Schatz de Futuros são compensadas umas pelas outras.

Margem/depósitos de caução são determinados diariamente para cada membro da negociação. Elas também são calculadas durante um dia, tendo em conta os riscos cambiais atuais e iminentes. Se a conta de um membro da negociação ficar abaixo da margem mínima de manutenção, uma venda em margem durante um dia é emitida e ele é convidado a fechar a diferença da liquidez.

17.3 Por que uma margem deve ser lançada e como ela é calculada?

As margens são lançadas como uma salvaguarda contra o risco de passivos que podem vir a serem encerradas a seu nível máximo (pior cenário).

Como um primeiro passo, todas as posições compradas e vendidas em contratos com datas de vencimento idênticas são compensadas uma pela outra, resultando em uma posição líquida comprada ou vendida. Todas as posições líquidas de risco são consolidadas e tratadas como uma posição de risco líquido agregado.

Para determinar o custo máximo de encerramento, tendências de últimos preços para os contratos (ou o instrumento subjacente) são utilizados para se avaliar a possível evolução de preços. A volatilidade tem um papel essencial neste contexto. Para calculá-la corretamente, a Eurex Clearing AG leva em conta todas as flutuações de preços observadas durante os últimos 30 ou 250 dias de negociação em bolsa (ou seja, no mês ou o ano anterior). Com base nestas flutuações, os parâmetros de margem são determinados expressando o desvio máximo de preço de uma dia de bolsa para o próximo. Estes parâmetros são ajustados conforme a necessidade.

Usando esses parâmetros de margem, são determinados os preços máximos e mínimos possíveis para os instrumentos subjacentes individuais e, com base nisso, os prêmios teóricos de opções. O nível de volatilidade utilizado aqui é a volatilidade implicada extraída dos preços da liquidação da opção.

17.4 Que tipos de margens são comuns?

17.4.1 Margem de prêmio

Uma margem de prêmio deve ser aplicada para todas as opções em que o prêmio vence imediatamente. Esta margem/caução precisa ser disponíbilizada pelo emitente por meio de ativos apropriados (títulos elegíveis ou dinheiro). A margem de prêmio cobre a perda que resultaria se o emitente comprasse de volta suas posições no mesmo dia de negociação.

Não há margem de prêmio para opções de futuros. Aqui, o prêmio da opção não vence no momento da execução do contrato, mas será pago através do processo de valor de mercado.

Posições compradas também não necessitam de uma margem de prêmio, pois o comprador do prêmio da opção adquire um direito, porém nenhuma obrigação. Ao contrário de posições vendidas, possíveis margens de excesso para posições compradas são levadas em conta quando se considera o balanço geral de uma carteira de investimentos.

17.4.2 Margem adicional

O objetivo da margem adicional é cobrir potenciais custos de encerramento que podem advir (em um cenário de pior caso) antes do próximo dia de negociação.

Margens adicionais são necessárias para todas as opções e posições de futuros. No caso das posições de futuros, a margem adicional também se refere como uma margem inicial (apenas fora da Eurex). Após a conclusão do contrato de derivativos, uma determinada quantidade é lançada para cobrir o cenário de pior caso para essa posição.

17.4.3 Margem de variação

A margem de variação é a liquidação de lucros e perdas diária de futuros ou de opções sobre futuros. Para este fim, o método de valor de mercado acima mencionado é aplicado: lucros e perdas diárias são debitados ou creditados em contas de membros da compensação pela Eurex Clearing AG. Assim, ao contrário dos outros tipos de margens, a margem de variação não é uma garantia (em títulos ou outros ativos), mas uma entrada real de dinheiro.

Se um investidor comprou um contrato de futuros a 100 pontos e este alcança 110 pontos nos próximos dias, os 10 pontos adicionais – convertidos em moeda corrente – são creditados na conta do investidor. Da mesma forma, o titular de uma posição vendida de futuros é debitado.

Todas as posições são reavaliadas desse modo, diariamente. No último dia de negociação, a diferença entre os níveis do dia anterior e o preço final de liquidação é determinada para todas as posições abertas.

17.4.4 Margem de spreads de Futuros

Se uma carteira de investimentoscontém várias posições de futuros baseados nos mesmos subjacentes, posições compradas e vendidas podem ser compensadas uma com a outra, desde que tenham o mesmo vencimento. Este processo se refere a "compensação".

Se quaisquer posições compradas ou vendidas permanecem porque suas datas de vencimento não coincidem, elas também podem ser compensadas umas com as outras. Estas posições são chamadas de "não spreads e não-compensáveis". O risco implícito resultante do desequilíbrio é coberto com a assim chamada margem de spread de futuros.

Opções de ações, fundos de índice, e índices

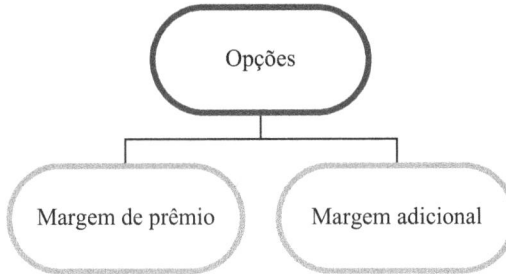

Futuros

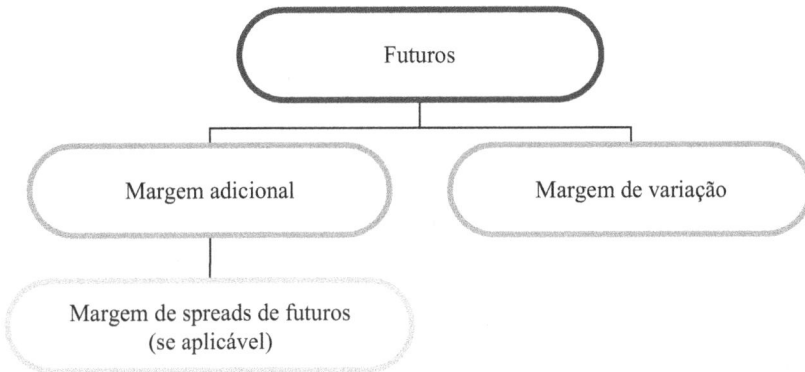

Opções de futuros

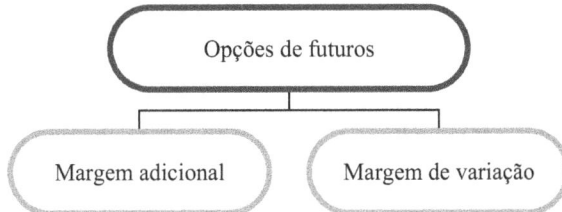

Figura 17.1: Visão geral dos diferentes tipos de margens

17.5 Margens para opções

17.5.1 Posições Adquiridas

O risco financeiro de posições compradas é coberto pelo prêmio pago, visto que o comprador adquire um risco, mas não uma obrigação.

17.5.2 Posições Vendidas

Podemos distinguir entre posições vendidas cobertas e descobertas.

O detentor de posições vendidas cobertas também detém os ativos subjacentes em sua carteira. Por exemplo, se ele detém venda de opções de compra da ação X, ele também vai carregar essa ação em sua carteira (em uma proporção de 1:1). Isso só funciona para as opções sem base em futuros e com liquidação física. Opções com liquidação em dinheiro são sempre descobertas.

Se um investidor de posições compradas exerce a sua posição, uma posição vendida correspondente é atribuída aleatoriamente. Os prazos de entrega dependem do contrato e do modo de entrega.

Para as opções descobertas, uma margem será necessária conforme descrito. Os prêmios das opções teóricas que são necessários para calcular essa margem são determinados com modelos de precificação de diferentes opções (Black, Scholes e Cox, Ross & Rubinstein). Pois com opções profundamente fora do preço, existe o risco da fixação de preços baixa demais (uma vez que podem reagir muito fortemente a flutuações de aumento brusco no preço subjacente), o chamado "ajuste de opção de venda" é aplicado, o qual pode aumentar consideravelmente o prêmio da opção originalmente calculado.

Um elemento neste cálculo é o mínimo fora do preço estabelecido pela bolsa de derivativos:

Ajuste de opção de venda =
Parâmetro de margem × mínimo fora do preço + preço de liquidação diária

17.5.3 Margem durante o período de entrega

Quando uma opção for exercida, uma margem adicional vence até a entrega. Ao contrário da opção em si, esta margem se refere apenas ao subjacente a ser entregue. A diferença entre o preço de exercício e o preço de fechamento deve ser considerada como margem de prêmio. Flutuações de preços de ativo mercado são levadas em conta, incluindo a chamada margem adicional.

17.6 Margens de futuros

Como explicado anteriormente, os lucros e as perdas são compensados diariamente através de uma entrada de caixa, a assim chamada margem de variação. Este mecanismo garante que os lucros e perdas não possam ser acumulados.

Além desta liquidação diária de lucros e prejuízos, no entanto, deve se fornecer uma garantia adicional porque no caso de um possível encerramento no dia seguinte da negociação, incorreria em perdas.

Ao contrário da margem de variação, que somente pode ser paga em dinheiro, esta margem adicional (frequentemente chamada de margem inicial) pode ser fornecida na forma de títulos ou em dinheiro (ou seja, o saldo da conta). Seu valor corresponde ao que seria necessário para liquidar contratos em aberto em um cenário de pior caso.

- Como um primeiro passo, todas as posições compradas e vendidas com as mesmas datas de vencimento são compensadas. Se o resultado é uma posição líquida comprada ou vendida, ele é examinado para possibilidades de se construir spreads. Para estes, a assim chamada margem de spread é aplicada (conforme explicado acima), que é mais baixa que a margem adicional para as posições líquidas restantes. Se não é possível nem a compensação nem a construção de spread, somente a margem adicional é determinada. Ao calcular a margem de spread distinguimos entre a margem de spread do mês mais próximo da negociação e a margem de spread dos outros meses: O contrato de derivativo com a data de vencimento mais próxima é chamado de contrato a vencer (front contract), o respectivo mês como "mês mais próximo da negociação"(spot month). Todos os outros meses são chamados de "back months" e os contratos correspondentes são chamados de "contratos diferidos" (deferred contracts). Presumindo que todos os contratos se referem ao mesmo mês, a margem do mês corrente é aplicada para o contrato a vencer – por uma razão simples: Quanto à opção mais próxima, tanto as receitas como a volatilidade são mais elevadas, o risco envolvido aumenta com a duração da opção. Como resultado, as posições compradas e vendidas podem não se correlacionam mais de modo negativo, o que significa que a compensação pode não ser mais suficiente. Daí o aumento da margem, que vence no início do último mês de vencimento.

- Se não é possível construir spreads, uma margem adicional é aplicada como descrito acima, pois as posições em questão têm o risco total de encerramento até o dia seguinte da negociação em bolsa. Neste momento esta carteira seguiu para imprimir a margem adicional por contrato pois uma posição FDAX® era de 550 pontos FDAX® (o equivalente a 550 × EUR 25 = EUR 13.750).

17.7 Margem para opções estilo futuro

Como explicado anteriormente, com opções tradicionais a margem de prêmio habitual é aplicada. Não é assim para as opções estilo futuro. Neste caso, o pagamento do prêmio é efetuado no método reajuste a preço de mercado (conforme seção sobre a margem de variação). A margem adicional, que cobre possíveis perdas de encerramento até o dia seguinte de negociação em bolsa, é calculada em analogia com as opções tradicionais.

Opções estilo futuro estão sujeitas a lançamentos nas carteiras de prêmio de estilo futuro: quando elas são exercidas ou expiram, os prêmios parciais ainda não pagos são compensados, além da liquidação diária de lucros e perdas. Assim, o prêmio da opção só é pago quando a opção for exercida ou estiver vencida. O resultado é uma vantagem de liquidez para o comprador: O débito ou crédito em sua conta é calculado com base nos preços da opção diária. Uma vez neste regime o lançador da opção renuncia aos juros a ganhar reinvestindo os prêmios das opções, estas opções são negociadas a preços mais elevados que as opções tradicionais. Esta abordagem amarra menos capital. No Eurex, ela é aplicada para opções de futuros (como a OGBL).

17.8 Como são calculadas as margens para posições de opção?

Se uma carteira de investimentos contém vários contratos no mesmo instrumento subjacente, os diferentes níveis de risco podem ser equilibrados um com o outro utilizando o método de colaterização cruzada. O cálculo da margem é baseado na alteração máxima de preço presumido para o subjacente até ao dia seguinte da negociação em bolsa (o assim chamado parâmetro de margem), que é determinado usando as conclusões estatísticas sobre a volatilidade do produto subjacente. Ao adicionar ou subtrair esse parâmetro ao preço atual, respectivamente, o preço máximo ou mínimo de mercado para o produto subjacente pode ser determinado e a extensão de um risco de alta e de baixa é revelada. No final, todos os preços de exercício para um intervalo de margem são determinados.

17.8.1 Determinação de custos de liquidação

Quanto mais combinações de opções forem negociadas e aparecem no livro de posição (ou carteira de investimentos), maior o efeito da colaterização cruzada.

Se várias classes de margem podem ser reunidas em um grupo de margem, esta é reavaliada com base em riscos iguais ou quase iguais: Em primeiro lugar, para cada classe de margem as metades superiores e inferiores da margem adicional são determinadas. Se o resultado é um valor negativo essas margens são geralmente multiplicadas pela assim chamada "porcentagem de desvio", o que na maior parte é igual a zero – o que significa que elas são eliminadas. Em seguida, todas as margens adicionais para a metade superior são adicionadas. O resultado é conhecido como a "margem adicional superior" de um grupo de margem. O mesmo procedimento é seguido para a metade inferior, resultando na margem adicional inferior para o grupo. Ambas as margens são comparados entre si e a mais alta é utilizada como margem adicional para aquele grupo de margem.

17.9 Garantindo o cumprimento das exigências de margem

A margem pode ser depositada em dinheiro ou em títulos. Embora diferentes moedas sejam admissíveis, em princípio, é importante considerar que o risco cambial pode agir para reduzir o depósito. Além disso, os descontos de segurança podem ser aplicados aos títulos depositados.

17.10 Preço da liquidação

O preço da liquidação é o último preço no dia de negociação em bolsa. Se nenhum preço for estabelecido para um produto, série, ou contrato, a Eurex Clearing AG irá determinar um preço de liquidação. Preços de liquidação no último dia de negociação se referem como preços de liquidação final ou preços de liquidação no vencimento (EDSP).

17.11 Liquidação obrigatória – ponto de vista do investidor

Nesta seção vamos delinear através de exemplo, as possíveis causas e sequência de uma opção de venda em margem, do ponto de vista de um investidor. Se um investidor não pode mais cumprir suas obrigações (ou seja, oferecer garantia) seu banco ou corretora irá emitir uma opção de venda em margem por escrito. Na carta ele será convidado a aumentar sua quantidade de segurança em conformidade com os requisitos, e notificado que caso contrário a liquidação forçada dessas posições será inevitável. Se o investidor ainda não conseguir atender às exigências de margem, as posições em questão serão liquidadas quando o período de carência acordado expirar. Na prática é raro acontecer de um investidor não conseguir ou não querer responder a uma opção de venda em margem. A fim de evitar todo este processo, bancos e corretoras, portanto, estabeleceram sistemas de segurança que exigem uma resposta rápida dos investidores. No curso desses procedimentos eles vão tentar encontrar uma solução em conjunto com os investidores interessados. Se como resultado a opção de venda em margem puder ser evitada, não haverá nenhuma ação adicional a este respeito; apenas se os investidores ainda não conseguirem cumprir suas obrigações será formalizada a emissão da opção de venda em margem. No caso de uma liquidação forçada, o banco ou a corretora vai fechar quantas posições forem necessárias para atender às exigências de margem em geral.

17.12 Liquidação obrigatória – ponto de vista banco ou corretora

Se o pior acontecer e a liquidação forçada torna-se necessária, esta deve ser precisamente documentada. Os negócios com os respectivos clientes devem ser encerrados, se possível: Como há um risco considerável que a situação se repita, o banco ou a corretora deve cumprir seu dever de diligência e não incentivar o cliente a investir mais em derivativos. Além disso, é importante garantir que apenas será encerrada a quantidade de posições necessária para cobrir as exigências de margem. Além disso, o encerramento deve se expandir por todo o livro de posição – isto é, deve afetar várias posições pequenas em vez de uma posição de grande porte. Caso contrário, pode acontecer do investidor poder realizar um lucro na posição em que foi encerrada enquanto sofre perdas nas posições ainda em aberto, uma situação que dificilmente seria justificável. Se possível, as especificações de liquidação deverão ser acordadas com o investidor. Se ele não estiver disposto a cooperar, a liquidação forçada será iniciada e o investidor deve ser informado em tempo hábil sobre as consequências e as decisões tomadas. É indispensável que o investidor receba essas informações para que ele possa responder prontamente.

Resumo:

Uma margem ou caução é um valor necessário para cobrir as exigências de margem da bolsa de derivativos. É disponibilizada em dinheiro ou em títulos elegíveis como garantia para empréstimos do Banco Central do pais em referência. O objetivo do cálculo das margens é de excluir ou cobrir todos os riscos de encerramento até o dia seguinte da negociação em bolsa. Posições em futuros são avaliadas todos os dias após o fechamento do mercado, e os lucros e as perdas são compensados. A margem resultante, a qual é chamada de margem de variação, é compensada em dinheiro. A respectiva entrada é realizada a cada dia de negociação após os preços de liquidação serem calculados.

Appendix

A.1   Perguntas e Respostas

A.2   Eurex-Disclaimer

A.3   Eurex Exchange – one of the leading derivatives exchanges in the world

A.4   List of Literature

A.1 Perguntas e Respostas

Este capítulo contém questões de avaliação abrangendo os assuntos tratados nos capítulos anteriores e tem como principal objetivo permitir que professores e treinadores verifiquem se os alunos alcançaram suas metas de aprendizado.

A.1.1 Questões

Questão 1
Comente sobre a afirmação de que "derivativos são uma invenção do nosso tempo" e de que "o comércio de derivativos existe desde a década de 80."

Questão 2
Analise o termo "derivativo" em relação à sua origem e explique como ele é definido atualmente no contexto dos mercados financeiros.

Questão 3
Quais são as duas intenções básicas por trás de investimentos em derivativos?

Questão 4
"As taxas de juros e dividendos afetam os preços direta e indiretamente." Esta afirmação está correta? Explique o porquê.

Questão 5
É correto dizer que a curva da estrutura de juros é usada predominantemente nos Estados Unidos e que a curva de rendimento é usada predominantemente na Europa? Explique comparando a aplicação dos dois modelos.

Questão 6
Como chamamos a diferença nas taxas de juros em segmento de compra e de venda?

Questão 7
Qual é a diferença entre um contrato de futuro e um contrato de futuro a termo?

Questão 8
O que é exatamente um futuro?

Questão 9
É correto dizer que uma opção inclui um direito de escolha que o vendedor tem direito a exercer?

Questão 10
Comente sobre a seguinte afirmação: "Se uma opção não é exercida, o comprador irá recuperar o prêmio pago pela mesma no último dia de negociação."

Questão 11
Quais componentes dos contratos de opção são padronizados?

Questão 12
Quais participantes de mercado encontramos na bolsa de derivativos?

Questão 13
Qual participante de mercado tem posições abertas de apenas um lado, ou seja posições que não são compensadas entre si?

Questão 14
Quais foram as organizações anteriores à Eurex?

Questão 15
Um Market Maker ("formador de mercado") deve responder a todas as solicitações de cotações? Por quê?

Questão 16
Comente sobre a afirmação: "Não há diferença no status de compensação".

Questão 17
Quais são os dois componentes inclusos na opção de prêmio?

Questão 18
Algum dos componentes na questão 17 pode ser negativo?

Questão 19
Quando uma opção de compra está In The Money (ITM)?

Questão 20
Comente sobre a afirmação: "O preço de uma opção aumenta exponencialmente até o seu vencimento".

Questão 21
Continue a seguinte sentença: "Opções com um tempo de vida restante curto..."

Questão 22
Comente sobre esta afirmação: "O exercício prematuro de uma opção é desfavorável, já que o investidor perderá o valor do tempo que esta possuí".

Questão 23
"Volatilidade indica de que modo o preço de um instrumento financeiro está mudando." Esta afirmação está correta? Por quê?

Questão 24
Complete a seguinte tabela. Considere apresentar mais instruções para o conteúdo a ser preenchido.

Parâmetro	Preço de opção de compra	Preço da opção de venda
Ativo de referência/subjacente		
Volatilidade		
Prazo remanescente até o vencimento		
Taxa de juros do mercado		
Pagamento de dividendos		
Estilo americano		
Estilo europeu		

Questão 25
Complete a seguinte sentença:
Para uma opção de compra adquirida (*long call*) e uma opção de venda, emitida (*short cut*), o indicador Greek está sempre...

Questão 26
"O modelo Black-Scholes assume uma distribuição normal para a alteração de valor." Esta afirmação está correta? Explique por que é uma afirmação correta ou incorreta.

Questão 27
O Modelo Binominal diferencia árvores recombinantes de árvores não recombinantes. Qual das duas é usada na avaliação de opções do estilo americano?

Questão 28
Escreva o nome das quatro posições básicas no comércio de opções.

Questão 29
Qual é o lucro máximo que um pequeno investidor em opções pode conseguir?

Questão 30
Complete a seguinte tabela:

	Suposição básica	Especificações do negócio
Opção de venda de posição adquirida (*long put*)		
Opção de venda de posição emitida (*short put*)		

Questão 31
Como calculamos o coeficiente de cobertura de uma cobertura utilizando delta?

Questão 32
O que é Short Straddle?

Questão 33
Comente sobre a seguinte afirmação: "Os investidores com um crédito *bear spread* assumem um mercado solidamente em alta."

Questão 34
O que queremos dizer quando falamos sobre "especulação excessivamente baixa"?

Questão 35
Avalie a posição: "Em uma carteira de títulos futuros, uma posição pode ser fechada por meio de posições de compensação."

Questão 36
Quais tipos de entrega são possíveis em negociações de futuros? Apresente um exemplo para cada.

Questão 37
Um investidor de grande Euro Bund Future® assume...

Questão 38
Como o preço de um futuro é calculado?

Questão 39
É possível afirmar que "Preços de futuros podem ter uma base positiva ou negativa"?

Questão 40
O que é um spread em um contrato (*intra-contract spread*)?

Questão 41
Explique o conceito de arbitragem *cash-and-carry*?

Questão 42
Complete a tabela abaixo:

Uma opção em um Futuro é estabelecida conforme segue:

Contrato de Opção	Futuro
Opção de compra de posição comprada (*long call*)	
Opção de compra de posição vendida (*short call*)	
Opção de venda de posição comprada (*long put*)	
Opção de venda de posição vendida (*short call*)	

Questão 43

Formas sintéticas de derivativos resultam de instrumentos de derivativos de combinações. Complete a tabela abaixo:

Forma sintética de...	Combinação de...		
	Opção de compra	Opção de venda	Futuro
Opção de compra de posição adquirida (*Long call*)			
Opção de compra de posição vendida (*Short call*)			
Opção de venda adquirida (*long put*)			
Opção de venda emitida (*Short put*)			

Forma sintética de...	Combinação de...		
	Opção de compra	Opção de venda	Futuro
Futuro adquirido			
Futuro vendido			

Questão 44

O que é *deport*?

Questão 45

O que é equilibrado pela taxa de swap?

Questão 46

Compare os conceitos de Contango e Backwardation avaliando as condições em que ambos existem.

Questão 47
Na Eurex, uma data de vencimento pode ser antes do dia 15 do mês de vencimento?

Questão 48
O que é piramidização?

Questão 49
O que é *roll-over* e quando é normalmente observado?

Questão 50
O que é margem e qual é o seu objetivo?

Questão 51
O que é uma opção de compra de margem e quando ela ocorre?

Questão 52
O que é abrangido pela margem adicional e sob quais circunstâncias isso é necessário?

Questão 53
"Investidores de opções de posições compradas não têm que depositar margem."
Esta afirmação está correta?

Questão 54
Por quem os derivativos de crédito são mais negociados?

Questão 55
O que é *swap*?

Questão 56
Um investidor pretende expandir suas posições por um número igual de posições novas. O que você o aconselharia a fazer?

Questão 57
Um dos seus investidores passará por uma opção de compra de margem no dia seguinte. O que você faz?

Questão 58
Avalie esta sentença: "Um portfólio de opções e futuros é mais estável do que um de opções apenas."

Questão 59
Um investidor de opções recebe dividendos para segurança subjacente?

Questão 60
O que é margem de variação?

Questão 61
Sob qual preço do ativo subjacente o lucro máximo de bear spread seria obtido no dia do vencimento?

Questão 62
A taxa a prazo do Euro para o dólar Americano exige um *deport* (acho que isso significa desconto). O que isso significa?

Questão 63
Para diversas moedas encontramos taxas de juros **idênticas**. Qual é o efeito na taxa de swap?

Questão 64
Complete a seguinte sentença: "O vendedor de um futuro é obrigado a..."

Questão 65
Um investidor deseja proteger seu depósito DAX®. Quais são os possíveis cursos de ação?

Questão 66
Quais datas de vencimento encontramos no Índice de Negociação de Futuros (Index Futures Trading) na Eurex?

Questão 67
O que é convergência de base e quando isso ocorre?

Questão 68
Quais componentes são abrangidos pela margem a ser paga para a câmara de compensação para abrir e manter uma posição de derivativos?

Questão 69
O que é uma margem mínima da bolsa e para quais opções é calculada?

Questão 70
O que é CCW? Ter essa posição pode ter quais efeitos no portfólio de um investidor?

A.1.2 Respostas

Apresentamos neste capitulo as respostas para as questões postadas anteriormente. Tentamos mantê-las precisas e coerentes.

Resposta para a questão 1
Esta afirmação não é completamente correta. A negociação de derivativos financeiros (como conhecemos na atualidade) começou apenas na década de 80, porém as primeiras negociações de derivativos foram conduzidas há dois mil anos antes do nascimento de Cristo. As negociações de derivativos também existiram durante o Império Romano. Foram originadas de contratos de futuros de commodities.

Resposta para a questão 2
O termo derivativo é originado do latim "derivare"; assim um derivativo é algo "derivado" de outra coisa. Em relação a esse assunto, isso significa que em uma transação de derivativos o objeto comercializado é um produto "derivado" de um ativo subjacente, porém não é o próprio ativo.

A transação de derivativos está relacionada ao ativo subjacente, por exemplo, em termos de determinação de preços.

Resposta para a questão 3
Um investidor em derivativos pode desejar proteger um investimento existente ou futuro – neste caso ele é um investidor que executa uma operação de cobertura de risco (*hedger*). De modo contrário, ele pode desejar apostar em um suposto movimento do mercado, o que faz dele um especulador.

Resposta para a questão 4
Sim, esta afirmação está correta. As taxas de dividendos e juros afetam o preço de um derivativo tanto diretamente como indiretamente.

Resposta para a questão 5
Não, a afirmação é falsa. Nos EUA é comum especificar rendimentos (retornos) e na Europa os investidores aplicam taxas de juros.

Resposta para a questão 6
A diferença é referida como spread a prazo.

Resposta para a questão 7
Um contrato a termo é um futuro não padronizado. Os elementos do contrato são acordados bilateralmente. Em virtude da sua natureza individual, os contratos a termo não são negociados na bolsa.

Resposta para a questão 8
Um futuro é um contrato de derivativo incondicional e compulsório para ambas as partes. O comprador de um futuro espera o ativo subjacente ser valorizado; o vendedor considera uma queda no preço. O contrato de futuros deve ser cumprido até o final do prazo. Apenas um negócio de compensação pode liberar o contratante das suas obrigações.

Resposta para a questão 9
Não, essa afirmação não é correta. Uma opção exige um direito de escolha e, contrariamente ao futuro, esse direito é do comprador e não do vendedor.

Resposta para a questão 10
Esta afirmação não é correta. Uma opção não exercida expira no seu último dia de negociação. O vendedor retém o prêmio da opção. Ele conquistou um ganho absoluto.

Resposta para a questão 11
Os componentes padronizados dos contratos de opções são o ativo subjacente, a quantidade, a qualidade, o preço de exercício da opção, o tempo de vida, o tempo de negociação e o local de negociação.

Resposta para a questão 12
Os participantes comuns do mercado encontrados na bolsa de derivativos são os especuladores, os árbitros, os *spreaders* e os *hedgers*.

Resposta para a questão 13
Um especulador tem posições abertas de apenas um lado. Ele se compromete com investimentos para um único objetivo, que é alcançar ganho máximo. Em troca, ele assume deliberadamente todo o risco envolvido.

Resposta para a questão 14
A Eurex surgiu a partir da incorporação da DTB (Deutsche Terminbörse – Bolsa de Derivativos Alemã) e da SOFFEX (Bolsa de Derivativos da Suíça).

Resposta para a questão 15

Não, o Market Maker deve apenas atender às obrigações realmente assumidas. Como regra geral, o Market Maker responde de 50 a 85% de todas as solicitações de cotações. Se seu número exceder 150 por dia, o Market Maker pode recusar aceitar mais.

Resposta para a questão 16

Esta afirmação está errada. Há três níveis: licença de compensação geral, licença de compensação direta e membros sem compensação. O status dos membros de negociações individuais depende do seu capital de garantia.

Resposta para a questão 17

Uma opção de prêmio compreende o valor do tempo da opção e seu valor intrínseco.

Resposta para a questão 18

Não. O valor intrínseco pode ser igual a zero, mas nunca será negativo.

Resposta para a questão 19

Uma opção está In The Money se tiver um valor intrínseco; o que significa que o preço do ativo subjacente deve ser maior do que o preço de exercício da opção.

Resposta para a questão 20

Esta afirmação não está correta. O preço de uma opção *diminui* exponencialmente durante o seu termo. No seu último dia de negociação, a opção é reduzida apenas ao seu valor intrínseco. Se o valor intrínseco for igual a zero, a opção expira sem valor.

Resposta para a questão 21

… devem ser vendidas.

Resposta para a questão 22

Esta afirmação é correta, porque…

Resposta para a questão 23

Não, volatilidade expressa a intensidade da flutuação de preços, mas não sua direção. A volatilidade é a medida estatística para a flutuação no preço subjacente em relação ao seu valor médio em um período definido de tempo.

Resposta para a questão 24

Parâmetro		Preço de opção de compra	Preço de opção de venda
Ativo de referência ou subjacente	aumenta	aumenta	diminui
	diminui	diminui	aumenta
Volatilidade	aumenta	aumenta	aumenta
	diminui	diminui	diminui
Prazo remanescente até o vencimento	diminui	diminui	diminui
Taxa de juros do mercado	aumenta	aumenta	diminui
	diminui	diminui	aumenta
Pagamento de dividendos			
Estilo Americano		diminui	aumenta
Estilo europeu		permanece inalterado	permanece inalterado

Resposta para a questão 25
... positivo.

Resposta para a questão 26
Não, a alteração do valor é distribuída de modo exponencial e interdependente (conforme Benoît Mandelbrot conseguiu comprovar).

Resposta para a questão 27
As árvores não recombinantes são usadas com opções que não dependem de caminhos.

Resposta para a questão 28
Opção de compra adquirida
Opção de compra vendida
Opção de venda adquirida
Opção de venda emitida

Resposta para a questão 29
O seu lucro máximo é o prêmio recebido ao celebrar um contrato.

Resposta para a questão 30

	Suposição básica	Especificações do negócio
Opção de venda adquirida (*long put*)	O preço do ativo subjacente vai diminuir	Deve pagar o prêmio, pode possivelmente vender o subjacente
Opção de venda emitida (*short put*)	O preço do ativo subjacente permanecerá constante ou aumentará levemente	Recebe o prêmio (em sua função de vendedor) e pode ter de aceitar o ativo subjacente

Resposta para a questão 31

$$\# \ Contratos = \frac{Quantidade\ de\ ações}{Tamanho\ do\ contrato} \times \frac{1}{Delta\ da\ opção}$$

Resposta para a questão 32
Short Straddle é uma combinação de opções em que as ordens de compra e as ordens de venda vendidas têm o mesmo preço de exercício e a mesma data de vencimento. O investidor assume flutuações de preço moderadas pelo ativo subjacente.

Resposta para a questão 33
Esta afirmação não está correta. O investidor supõe que o mercado crescerá levemente lateralmente.

Resposta para a questão 34
São negociações muito curtas, geralmente ocorrem até mesmo em um dia. O investidor espera determinado movimento no ativo subjacente.

Resposta para a questão 35
Esta afirmação está correta. Uma possível sentença de elaboração pode ser útil – ou uma fonte de discussão no livro.

Resposta para a questão 36
1. Entrega física
   Exemplo: futuro de título
2. Acordo de pagamento
   Exemplo: futuro de índice

Resposta para a questão 37
... taxas de juros decrescentes, porque...

Resposta para a questão 38
Preço á vista + custo de propriedade (*carry*) = preço do futuro

Custo de propriedade = custo financeiro líquido (custo financeiro – lucros perdidos)

$$Preço\ futuro = C_t + \left(C_t \times r_c \times \left(\frac{T-t}{360} \right) - d_{t,T} \right)$$

C_t = Ativo subjacente (e.g., nível do índice)
r_c = Taxa de juros do mercado financeiro (porcentagem, atual/360)
t = Moeda de posições de mercado à vista
T = Data de conclusão de um futuro
$T-t$ = Prazo de vencimento remanescente de um futuro
$d_{t,T}$ = Pagamento de dividendo esperado para o período t a T

Resposta para a questão 39
Sim, os preços de futuros podem ter uma base negativa ou positiva.

Resposta para a questão 40
Um spread em um contrato é uma operação de spread em futuros idênticos com diferentes datas de vencimento

Resposta para a questão 41
A arbitragem *cash-and-carry* é usada para compensar desequilíbrios do mercado: o investidor vende o futuro (porque tem aumento excessivo do preço) e compra o instrumento de *spot* (porque tem preço baixo em relação ao futuro). Seu lucro é a diferença entre os dois.

Resposta para a questão 42

Contrato de Opção	Futuro
Opção de compra de posição adquirida (*long call*)	Futuro de posição comprada (*long future*)
Opção de compra de posição vendida (*short call*)	Futuro de posição vendida (*short future*)
Opção de venda de posição adquirida (*long put*)	Futuro de posição vendida (*short future*)
Opção de venda de posição emitida (*short call*)	Futuro de posição comprada (*long future*)

Resposta para a questão 43

Forma sintética de...	Combinação de...		
	Opção de compra	Opção de venda	Futuro
Opção de compra de posição comprada (*long call*)		Comprada	Comprado
Opção de compra de posição vendida (*short call*)		Vendida	Vendido
Opção de venda de posição comprada (*long put*)	Comprada		Vendido
Opção de venda de posição vendida (*short put*)	Vendida		Comprado

Forma sintética de...	Combination of...		
	Call option	Put option	Future
Futuro de posição comprada (*long future*)	Comprada	Vendida	
Futuro de posição vendida (*short future*)	Vendida	Comprada	

Resposta para a questão 44
Um *deport* é um desconto usado em negociações de bolsas estrangeiras. O seu oposto é um *report* (aumento nas taxas).

Resposta para a questão 45
A diferença entre duas moedas é equilibrada.

Resposta para a questão 46
Esses termos se referem a futuros de commodities: um futuro que é mais caro do que o instrumento de spot é negociado "com *contango*"; se o seu preço for menor, ele é negociado "com *backwardation*".

Resposta para a questão 47
Não, as datas de vencimento são sempre na 3a sexta-feira do mês de vencimento, o que significa que podem ser no mínimo no dia 15 do mês.

Resposta para a questão 48
Piramidização significa que, no contexto de uma estratégia de expansão, os contratos de derivativos são estabelecidos na forma de uma pirâmide. Um número menor de contratos se baseia em um número maior.

$$XXX$$
$$XXXX$$
$$XXXXX$$

Resposta para a questão 49
Uma transferência de dívida é uma extensão do instrumento de derivativo além da sua data de vencimento original. A posição "anterior" é fechada e uma nova posição é aberta. Se isso for conseguido sem despesas adicionais, falamos de uma transferência de dívida neutra a prêmios.

Resposta para a questão 50
Uma margem é a garantia lançada para negociações de derivativos. Ela deve ser depositada em dinheiro ou como títulos (com um desconto de segurança). Se um investidor não conseguir mais elevar a margem necessária, ele enfrenta uma ordem de compra de margem pelo banco ou pelo corretor.

Resposta para a questão 51
Uma ordem de compra de margem é uma solicitação formal para aumentar a garantia depositada. Se um investidor não responder adequadamente à ordem de compra de margem, ele pode passar por liquidação forçada das suas posições.

Resposta para a questão 52
A margem adicional é usada para cobrir os custos de fechamento potencial que, no pior dos casos, podem acumular antes do dia da negociação seguinte.

Resposta para a questão 53
Sim, esta afirmação está correta. Após o prêmio ser pago, não há risco adicional para ser coberto para o pior caso.

Resposta para a questão 54
Os derivativos de crédito são principalmente negociados por investidores grandes e institucionais. São usados para cobrir os riscos de falha de crédito.

Resposta para a questão 55
Um swap é um contrato de derivativo fora do mercado sob o qual duas linhas de pagamento são trocadas. Os swaps normalmente se referem a uma negociação subjacente.

Resposta para a questão 56
O investidor claramente deve ser desencorajado de adquirir esse curso de ação. Ele aumentaria exponencialmente o risco dobrando suas posições. Como um possível último recurso, ele pode considerar expandir suas posições por piramidização.

Resposta para a questão 57
Acima de tudo, o investidor deve ser notificado imediatamente e informado sobre os riscos envolvidos. Se ele puder aumentar a margem, poderá manter suas posições existentes abertas; entretanto, os prós e contras dessa abordagem devem ser considerados cuidadosamente. Se a margem não puder ser elevada, o investidor deve ser desencorajado a manter suas posições ativas. Se ele não desejar seguir esse conselho, é necessário que todo o processo seja documentado detalhadamente.

Resposta para a questão 58
Esta afirmação está correta. Como os futuros contam entre os instrumentos delta 1, o portifólio será mais estável dessa maneira (contanto que uma estratégia consistente seja aplicada).

Resposta para a questão 59
Não, um investidor de opções não recebe dividendos.

Resposta para a questão 60
A margem de variação é a demonstração de lucros e perdas diária para posições de futuros. Ela é depositada em dinheiro. O respectivo lançamento é feito na conta do cliente todos os fins de tarde após o mercado fechar.

Resposta para a questão 61
O preço subjacente deve ser listado perto do exercício da opção de venda vendida.

Resposta para a questão 62
Isso significa que será mais barato comprar uma taxa de câmbio a prazo da moeda (Euro) do que comprá-la no mercado financeiro.

Resposta para a questão 63

A taxa de swap será zero desde que não haja diferença de taxa de juros para equilibrar.

Resposta para a questão 64

... entregar ao comprador de futuros, na data de entrega especificada, o ativo subjacente na quantidade e na qualidade especificadas.

Resposta para a questão 65

Ele pode estabelecer estratégias baseadas em opções de venda de posição comprada ou futuros de posição vendida. Outra alternativa é vender suas posições, embora seja menos aconselhável. Dessa maneira poderá se desfazer de riscos, mas ele também vai se abster de todas as chances de lucros e terá de pagar custos de transação.

Resposta para a questão 66

As datas regulares de vencimento são os três meses seguintes de final de trimestre.

Resposta para a questão 67

A convergência de base ocorre no último dia de negócio para os futuros. Nesse momento não há mais custo de propriedade e o preço dos futuros é igual ao preço *spot*.

Resposta para a questão 68

Esta margem garante que a capacidade e a vontade dos participantes da negociação atendem às suas obrigações (e cubram o risco de conclusão). Ela é calculada usando uma situação de pior caso.

Resposta para a questão 69

A margem mínima da bolsa é a margem mínima solicitada pela própria bolsa de derivativos, sem nenhum acréscimo. Entre outras, ela é calculada para opções totalmente sem dinheiro. Como regra geral (de acordo com a Margem de Risco da Eurex – Eurex Risk Based Margining), é um quarto dos parâmetros de margem mais o valor (preço de liquidação) da opção.

Resposta para a questão 70

CCW quer dizer Covered Call Writing – referindo-se a uma opção de compra vendida por um portfólio de títulos existente. Essa estratégia também é mencionada como "estratégia de aumento de retornos." O que importa ao investidor é o prêmio que recebe. Se tiver de entregar os títulos, pode fazer isso fora do seu próprio portfólio.

A.2 Eurex-Disclaimer

only for use as general information. All descriptions, examples and calculations contained in this publication are for illustrative purposes only.

Eurex and Eurex Clearing offer services directly to members of the Eurex exchanges respectively to clearing members of Eurex Clearing. Those who desire to trade any products available on the Eurex market or who desire to offer and sell any such products to others or who desire to possess a clearing license of Eurex Clearing in order to participate in the clearing process provided by Eurex Clearing, should consider legal and regulatory requirements of those jurisdictions relevant to them, as well as the risks associated with such products, before doing so.

Eurex derivatives are currently not available for offer, sale or trading in the United States or by United States persons (other than EURO STOXX 50® Index Futures, EURO STOXX 50® ex Financials Index Futures, EURO STOXX® Select Dividend 30 Index Futures, EURO STOXX® Index Futures, EURO STOXX® Large/Mid/Small Index Futures, STOXX® Europe 50 Index Futures, STOXX® Europe 600 Index Futures, STOXX® Europe 600 Banks/Industrial Goods & Services/Insurance/Media/Travel & Leisure/Utilities Futures, STOXX® Europe Large/Mid/Small 200 Index Futures, Dow Jones Global Titans 50 IndexSM Futures (EUR & USD), DAX®/MDAX®/TecDAX® Futures, SMIM® Futures, SLI Swiss Leader Index® Futures and VSTOXX® Mini Futures as well as Eurex inflation/commodity/weather/property and interest rate derivatives).

Trademarks and Service Marks

Buxl®, DAX®, DivDAX®, eb.rexx®, Eurex®, Eurex Bonds®, Eurex Repo®, Eurex Strategy WizardSM, Euro GC Pooling®, FDAX®, FWB®, GC Pooling®,,GCPI®, MDAX®, ODAX®, SDAX®, TecDAX®, USD GC Pooling®, VDAX®, VDAX--NEW® and Xetra® are registered trademarks of DBAG.

Phelix Base® and Phelix Peak® are registered trademarks of European Energy Exchange AG (EEX).

The service marks MSCI Russia and MSCI Japan are the exclusive property of MSCI Barra.RDX® is a registered trademark of Vienna Stock Exchange AG.

IPD® UK Annual All Property Index is a registered trademark of Investment Property Databank Ltd. IPD and has been licensed for the use by Eurex for derivatives.

SLI®, SMI® and SMIM® are registered trademarks of SIX Swiss Exchange AG.

The STOXX® indexes, the data included therein and the trademarks used in the index names are the intellectual property of STOXX Limited and/or its licensors Eurex derivatives based on the STOXX® indexes are in no way sponsored, endorsed, sold or promoted by STOXX and its licensors and neither STOXX nor its licensors shall have any liability with respect thereto.

Dow Jones, Dow Jones Global Titans 50 IndexSM and Dow Jones Sector Titans IndexesSM are service marks of Dow Jones & Company, Inc. Dow Jones-

-UBS Commodity IndexSM and any related sub-indexes are service marks of Dow Jones & Company, Inc. and UBS AG. All derivatives based on these indexes are not sponsored, endorsed, sold or promoted by Dow Jones & Company, Inc. or UBS AG, and neither party makes any representation regarding the advisability of trading or of investing in such products.

All references to London Gold and Silver Fixing prices are used with the permission of The London Gold Market Fixing Limited as well as The London Silver Market Fixing Limited, which for the avoidance of doubt has no involvement with and accepts no responsibility whatsoever for the underlying product to which the Fixing prices may be referenced.

PCS® and Property Claim Services® are registered trademarks of ISO Services, Inc.

Korea Exchange, KRX, KOSPI and KOSPI 200 are registered trademarks of Korea Exchange Inc.

BSE and SENSEX are trademarks/service marks of Bombay Stock Exchange (BSE) and all rights accruing from the same, statutory or otherwise, wholly vest with BSE. Any violation of the above would constitute an offence under the laws of India and international treaties governing the same.

The names of other companies and third party products may be trademarks or service marks of their respective owners.

A.3 Eurex Exchange – one of the leading derivatives exchanges in the world

Eurex Exchange offers a broad range of international benchmark products and operates the most liquid fixed income markets in the world. Innovative and reliable technology provides more than 400 participants and about 8,000 traders in +30 countries worldwide with access to our products and services.

With 1,950 products across ten traditional and alternative asset classes we provide our customers a broad diversity and greater opportunities. As part of Eurex Group, we offer access to a global liquidity network with daily trading volumes of 9 million contracts together with the International Securities Exchange (ISE) and the European Energy Exchange (EEX).

Eurex Exchange uses Eurex Clearing, one of the leading central counterparties globally. Eurex Clearing stand between the buyer and the seller, which makes it central counterparty for all our customers transactions. Thereby we mitigate our customers counterparty risk and maximize their operational efficiency.

Products

We offer an extensive product portfolio covering the most diverse of asset classes: In the **equity derivatives** sector, you have a choice of more than 900 futures contracts on all constituents of the Dow Jones (EURO) STOXX 50® and DAX® indexes, all Dow Jones STOXX® 600 constituents denominated in euro or Swiss francs, as well as on all component issues of the SMI® and RDX® USD indexes. In addition, about 500 options on equities from the major European industrial countries are traded.

Eurex's **equity index derivatives** portfolio covers futures and options on the most liquid global, European and national indexes like the Dow Jones Global Titans 50 IndexSM, EURO STOXX 50® Index, DAX®, SMI® or various MSCI Indexes as well as derivatives on all 19 EURO STOXX®/STOXX® Europe 600 Supersectors and futures on five Dow Jones Sector Titans IndexesSM and the RDX® USD Index.

Eurex Exchange offers **volatility derivatives** on the VSTOXX®, the European benchmark for equity volatility. VSTOXX® Mini Futures and VSTOXX® Options are investor's listed European products of choice to take a view on future implied volatility changes, trade the spread between different volatility indexes or hedge the volatility exposure of portfolios.

Our **interest rate derivatives** belong to the world's most heavily traded fixed income derivatives. The German (Euro-Schatz, Euro-Bobl, Euro-Bund and Euro--Buxl® Futures), Italian (Short-Term, Mid-Term and Long-Term Euro-BTP Futures), French (Mid-Term and Euro-OAT Futures) and Swiss-based products (CONF Futures) allow you to manage your interest rate risk and serve as a standard reference when comparing and evaluating interest rates in Europe.

EurexOTC Trade Entry

EurexOTC Trade Entry services enable participants to enter off-order book trades in the Eurex® system. With these facilities you can benefit from the flexibility of customized trading and the advantages of standardized clearing and settlement. Most facilities are pure Trade Entry services with bilateral agreement of price and quantities; the Multilateral Trade Registration facility supports pre--negotiated OTC trading with multiple counterparties.

- Mulitlateral Trade Registration
- Block Trades
- Trade Entry Service via e-mail
- Vola Trades
- Flexible Contracts
- Exchange for Physicals
- Exchange for Swaps

Market-Making

We support the provision of liquidity through the refund of transaction fees to each exchange participant fulfilling the requirements of our Market-Making schemes. Customers directly benefit from a large number of exchange participants having specialized in providing liquidity and enhancing transparency.

Access

You can trade directly on Eurex, as an admitted exchange participant, or you can access the market as a customer of an admitted participant. Direct trading is possible as a General Clearing Member (GCM), a Direct Clearing Member (DCM), or a Non-Clearing Member (NCM). The difference between the three forms of membership is in their clearing status – the way in which they participate in the clearing process.

Training

The Capital Markets Academy offers an extensive range of seminars and internationally recognized exams for traders, back office staff, security administrators, system administrators, as well as for institutional and private investors. Various courses of study complement Deutsche Börse Group's training offer.

For more details, please contact us by e-mail via academy@eurexchange.com. The seminar program is also available online: **www.eurexchange.com > Education.**

Publications

A broad range of information on our products and services is available for download from our website at **www.eurexchange.com > Resources > Publications.**

Together with Eurex Clearing, the International Securities Exchange (ISE), the European Energy Exchange, Eurex Bonds and Eurex Repo, Eurex Exchange forms Eurex Group. Eurex Group is part of Deutsche Börse Group.

www.eurexchange.com

A.4 List of Literature

DeRosa, David F.: Options on Foreign Exchange, 2nd edition, New York, 2000

DeRosa, David: Currency Derivatives, New York 1998

Fabozzi, Frank J.: The Handbook of Financial Instruments, New Jersey 2002

Hicks, Alan: Managing Currency Risk Using Foreign Exchange Options, o.O. 2000

Hull, John C.: Fundamentals of Futures and Options Markets, 5th edition, New Jersey 2005

Hull, John C.: Options, Futures and Other Derivatives, 6th edition, New Jersey 2005

Jabbour, George; Budwick, Phillip: The Option Trader Handbook: Strategies and Trade Adjustments, New Jersey 2004

Kolb, Robert W.; Overdahl, James A.: Financial Derivatives, 3rd edition, New Jersey 2002

McCafferty Thomas A.: All About Options, 2nd edition, New York 1998

McInish, Thomas H.: Capital Markets, Oxford 2000

Uszczapowski, Igor: Optionen und Futures verstehen, DTV-Beck, München, 5. A. 2005

Rudolph, Bernd; Schäfer, Klaus: Derivative Finanzmarktinstrumente, Berlin 2005

Saliba, Anthony J.: The Options Workbook, 2nd edition, Chicago 2002

Sarno, Lucio; Taylor, Mark P.: The Economics of Exchange Rates, Cambridge 2002

Seethaler, Peter; Steitz, Markus: Praxishandbuch Treasury-Management, Wiesbaden 2007.

Sercu, Piet; Uppal, Raman: International Financial Markets and the firm, London 1995

Shamah, Shani: A Currency Options Primer, West Sussex 2004

Sherris, Michael: Money & Capital Markets: Pricing, Yields & Analysis, 2nd edition, Crows Nest 1996

Spremann, Klaus, Gantenbein, Pascal: Zinsen, Anleihen, Kredite, Oldenbourg, München, 4. A. 2007

Smithson, Charles W.: Managing Financial Risk: A Guide to Derivative Products, Financial Engineering, and Value Maximization, 3rd edition, New York, 1998

Walmsley, Julian: New Financial Instruments, 2nd edition, o.O., 1998

Williams, Michael; Hoffman, Amy: Fundamentals of Options Market, New York 2001